Daniela Puttenat

Praxishandbuch Presse- und Öffentlichkei

Daniela Puttenat

Praxishandbuch Presse- und Öffentlichkeitsarbeit

Eine Einführung in professionelle PR und Unternehmenskommunikation

GABLER

Bibliografische Information der Deutschen Nationalbibliothek
Die Deutsche Nationalbibliothek verzeichnet diese Publikation in der
Deutschen Nationalbibliografie; detaillierte bibliografische Daten sind im Internet über
<http://dnb.d-nb.de> abrufbar.

1. Auflage April 2007
2. Nachdruck 2010

Alle Rechte vorbehalten
© Gabler | GWV Fachverlage GmbH, Wiesbaden 2007

Lektorat: Annette Rompel

Gabler ist Teil der Fachverlagsgruppe Springer Science+Business Media.
www.gabler.de

Umschlaggestaltung: Nina Faber de.sign, Wiesbaden
Druck und buchbinderische Verarbeitung: Ten Brink, Meppel
Gedruckt auf säurefreiem und chlorfrei gebleichtem Papier
Printed in the Netherlands

ISBN 978-3-8349-0368-6

Dieses Buch ist meinem Vater in liebendem Andenken gewidmet.

Vorwort

Das *Praxishandbuch Presse- und Öffentlichkeitsarbeit* möchte nicht mehr und nicht weniger, als einen breit gefächerten Überblick und vor allem, praktische Hilfe über ein Gebiet geben, das bereits eine Fülle von Publikationen, Theorien, Definitionen aufweist.

Insbesondere der PR-Einsteiger – der Praktikant, Volontär oder die Sekretärin – findet in diesem Leitfaden eine Fülle praktischer Informationen und deren Hintergründe. Erfahrungsgemäß gibt es im hektischen, oft unvorhersehbaren und immer abwechslungsreichen Berufsalltag kaum eine „Schonfrist" für neue Mitarbeiter. Die personelle Verstärkung ist willkommen und wird gleich voll eingebunden, indem man dem Neuling eigene Aufgaben oder Projekte überträgt. Oftmals fehlt – leider – im Team auch die Zeit, dem neuen Kollegen alles genau zu erklären: Man lernt so zwar schnell, *wie* etwas gemacht wird, nicht jedoch, *warum*. PR-Verbände veranstalten regelmäßig kompakte Grund- und Aufbauseminare, doch insbesondere in kleineren Agenturen oder Unternehmen ist dafür gar kein Budget vorhanden. Hier muss sich der Neuling allein „durchschlagen".

Dabei kann es sich niemand leisten, schlechte PR-Arbeit zu machen und somit Kunden oder Vorgesetzte zu verärgern. Oder an den Bedürfnissen von Journalisten vorbeizuarbeiten. Um durch ein Grund-Know-how zumindest erste Sicherheit über das landläufige PR-Verständnis zu geben, wurde dieses Buch geschrieben. Es soll helfen, typische Anfängerfehler und Wissenslücken zu vermeiden oder zumindest auf ein Minimum zu reduzieren.

Selbstverständlich gibt es gerade im Bereich PR eine Vielzahl von Meinungen, Methoden, Konzeptionsansätzen etc., und es wird kein Anspruch auf absolute Gültigkeit erhoben. Da ich selbst Volontäre ausgebildet habe, weiß ich jedoch, welche Fragen immer wieder auftauchen, welches Vorwissen unumgänglich ist und nicht zuletzt, welche Vorgehensweise sich in der Praxis bewährt hat. Mit manchen Aspekten wie der Konzeption oder dem Krisenmanagement mag der Anfänger noch nicht sofort in Berührung kommen – trotzdem sind diese aufgenommen, da sie für das PR-Verständnis essenziell sind, wenn auch zunächst nur theoretisch. Außerdem sind die Aufgaben in einzelnen Agenturen oder Unternehmen so unterschiedlich aufgeteilt, dass die wichtigsten Bausteine nicht fehlen sollen.

Durch seinen allgemeinverständlichen Ansatz eignet sich das Buch auch für diejenigen Leser, die nicht unmittelbar und regelmäßig PR betreiben: beispielsweise die Assistentin der Geschäftsführung, die in einem kleineren Unternehmen nicht nur die Weihnachtsfeier, sondern „nebenbei" erstmals eine Pressekonferenz organisieren soll. Den Marketing-Trainee, der gebeten wird, zur neuen Werbekampagne „auch ein paar PR-Maßnahmen" aus dem Hut zu zaubern. Den Kommunikationsstudenten, der sich informieren möchte, wie die praktische Umsetzung jenseits grauer Theorie funktioniert. Der Eventmanager, der ein Gespür für die Belange der Journalisten braucht, weil er ein Event planen und durchführen soll etc.

Nicht zuletzt möchte das Handbuch auch Freude vermitteln – die Freude an der faszinierenden Arbeit in und mit der Kommunikation

Noch zwei Hinweise zum Umgang mit diesem Buch:

Tipps, die sich meiner Erfahrung nach besonders bewährt haben, sind durch den Hinweis **Praxistipp!** gekennzeichnet. Ein kleines **Glossar** im Anhang dieses Handbuchs soll das Verständnis der wichtigsten Fachbegriffe erleichtern. Im Glossar erläuterte Wörter sind im Text durch einen vorangestellten →Pfeil gekennzeichnet.

„Kein Mensch ist eine Insel" – ohne den Einfluss vieler Menschen, ob bewusst oder unbewusst, hätte dieses Buch nicht entstehen können. Ich danke allen, die mich mit Rat, Zuspruch und konstruktiver Kritik weitergebracht haben, insbesondere:

- Meiner Familie, die mich in allem stets unterstützt und ermutigt hat;

- Dr. Manuela Neumann – für eine Freundschaft „beyond words";

- Suha Al-Wasiti-Mohr und Katharina Schlensker – für den fachlichen Austausch damals wie heute und für die langjährige Freundschaft;

- Den Kolleginnen und Kollegen der Stabsstelle PR/IR/Recht bei der REpower Systems AG – für die gute Zusammenarbeit; und Prof. Dr. Fritz Vahrenholt – für hilfreiche Anregungen und Ratschläge.

... kurz: „Ich sage nur ein Wort: Vielen Dank!"

(Andi Brehme)

Hamburg, im Dezember 2006   Daniela Puttenat

P.S.:

In diesem Buch wird der Einfachheit halber durchgängig die männliche Form (bspw. der Journalist, der Kunde, der Berater) verwendet; solche Formulierungen schließen selbstverständlich immer alle weiblichen mit ein. (Anmerkung der Verfasserin)

Fußballerzitate: gefunden unter *www.ja-gut-aeh-ich-sag-mal.com*.

Inhaltsverzeichnis

1. Einführung: Was ist PR – und wie kann ich sie gezielt nutzen?

1.1 Die Macht der Medien

Sie sprach von mir als von ihrem besten Freund. Wir hatten uns ein einziges Mal vorher gesehen, aber sie hatte es sich in den Kopf gesetzt, mich als berühmten Mann zu behandeln. Ich glaube, irgendein Bild von mir hatte gerade großen Erfolg gehabt, oder es war wenigstens in den Abendblättern davon geschwatzt worden, und das ist der Unsterblichkeitsmaßstab unseres Jahrhunderts.

Oscar Wilde: *Das Bildnis des Dorian Gray*

Der Maler Basil Hallward aus Oscar Wildes Roman *Das Bildnis des Dorian Gray* erkannte – wie übrigens auch sein Schöpfer selbst – bereits 1890 die Überzeugungskraft von *Public Relations*, ein Begriff, der erst acht Jahre zuvor in den USA zum ersten Mal verwendet worden war. Stand man in den „Abendblättern" (damals hießen diese Boulevardzeitungen noch *penny newspapers,* heute →Tabloids), machte man von sich reden. Wenn nicht, war man gesellschaftlich tot.

Das hat sich bis heute nicht wesentlich geändert. Medien haben Macht, denn sie machen und verbreiten Meinungen. Sie können Menschen und Produkte hochjubeln oder niederschreiben, Skandale aufdecken oder selbst produzieren, Wahlkämpfe beeinflussen und Karrieren beenden. Oscar Wilde musste dies nur fünf Jahre nach der Veröffentlichung seines einzigen Romans selbst schmerzvoll erfahren: Der brillante Dandy, der sich stets perfekt in Szene zu wissen wusste, der Autor eleganter Theaterstücke, in denen er die Doppelmoral des viktorianischen Englands mit bissig-satirischen Dialogen entlarvte, der auf einer für die damalige Zeit perfekt inszenierten PR-Tour durch die USA umjubelte *Bonvivant*, stolperte schließlich über eine mediale Hetzkampagne. Als seine Affäre mit einem jungen Adligen 1895 publik und er wegen „Unzucht" angeklagt wurde, empörten sich die *penny newspapers* aufs äußerste. Sie heuchelten Mitleid für seine Frau und seine beiden Söhne, während sie gleichzeitig pikante Details preisgaben. Der Name des Autors wurde außerdem von den Theaterprogrammen seiner Stücke getilgt und in Karikaturen verhöhnt. Wilde musste für zwei Jahre zur Zwangsarbeit ins Zuchthaus und war bei seiner Entlassung ein gebrochener Mann.

Auch ein Großteil der deutschen Zeitgeschichte wäre im wahrsten Sinne unvorstellbar, weil unsichtbar geblieben, wenn Medien nicht dabei gewesen oder über die Ereignisse berichtet hätten – und sich in einigen Fällen, manchmal mit tragischen Folgen, sogar selbst einmischten: Die Studentenrevolte 1968 und ihre Proteste gegen die „Springer-Presse". Der RAF-Terror der 70er Jahre. Die gefälschten Hitler-Tagebücher. Uwe Barschels „Ehrenwort"-Lüge und sein Tod in der Genfer Badewanne 1987. Die Entführung der Gladbecker Geiseln 1988, an der sich Journalisten gewollt oder ungewollt zu Mit-Tätern machten. Die Öffnung des Brandenburger Tores am 10. November 1989. Aber auch: Verliebt im Pool planschende Verteidigungsminister, ein Zeugungsakt in der Besenkammer, so genannte „Teppichluder" und „Superstars", die Big Brother-Bewohner samt Freud und Leid im Container. Manches wird durch PR erzeugt oder verstärkt, manches bringt gute oder schlechte PR als Resultat. Die dazugehörigen Bilder und Schlagzeilen haben wir auf Abruf im Kopf.

Immer schneller dreht sich aber das Medienkarussell. Durch das Internet verbreiten sich Nachrichten in Sekundenschnelle über den Globus. Das einstürzende World Trade Center am 11. September 2001 war dank CNN und World Wide Web so erschreckend real und gerade wegen dieser drastischen Deutlichkeit und Symbolik doch so merkwürdig virtuell, dass manch einer glaubte, er habe einen Hollywood-Actionschocker auf dem Bildschirm. Nur dass es Realität war und kein *Krieg der Welten* – jenes berühmte Radiohörspiel von Orson Welles über eine vermeintliche Invasion Außerirdischer, das bei seiner Ausstrahlung am 30. Oktober 1938 angeblich eine Massenpanik in der US-Bevölkerung auslöste, da man glaubte, es wären tatsächlich Außerirdische gelandet.

Dank →Weblogs, →Podcasts oder Internet-Videos des →*Web 2.0* ist manch einer heute schon berühmt, wenn er nur eine Packung Erdnüsse isst oder ein Lied schief nachträllert. Noch nie war es so einfach, im heutigen Mediendschungel gemäß Andy Warhols Zitat „famous for 15 minutes" zu werden. Mehr dazu in Kapitel 7: „Schöne neue PR-Welt? Ein Exkurs zu Weblogs, Podcasts und Co."

Berühmt für 78 Sekunden: Guy und die BBC

Der Kongolese Guy Goma (36) hatte am 8. Mai 2006 ein Vorstellungsge-spräch als Buchhalter beim renommierten britischen Sender *BBC* in Lon-don. Soweit nichts Außergewöhnliches. Doch gelangte er durch eine simple Verwechslung als vermeintlicher Internet-Sicherheitsexperte in eine Live-sendung ins Studio, wo er der Moderatorin plötzlich Fachfragen über den Rechtsstreit zwischen einem Softwareunternehmen und einem Plattenlabel beantworten sollte – eine Situation, für die sogar Firmensprecher ein Me-dientraining erhalten würden. Guy schlug sich jedoch nach ein paar Schrecksekunden wacker und gab so clevere, aber nichts sagende Antwor-ten, dass der Irrtum erst nach drei Fragen und 78 Sekunden bemerkt wur-de. Das Video mit seinem Interview verbreitete sich binnen kurzem im Web. Der tapfere Mann wurde ein Medienliebling und erhielt, wie könnte es an-ders sein, eine Vielzahl von Werbeangeboten. Und dabei ist die Geschichte auch noch wahr und nicht nur gut erfunden oder durch →Guerilla-Marketing inszeniert – PR kam erst hinterher ins Spiel. Vorauszusagen ist aber auch: Der *Hype* um die durch das WWW kreierten „Stars" wird ebenso schnell wieder verglühen, wie neue Helden erfunden werden.

Die knifflige PR-Aufgabe heißt also: mein Unternehmen, meine Produkte oder die meines Kunden sollen in die Medien, möglichst zu meinen Spielre-geln. Dies funktioniert jedoch nicht so leicht. Da – glücklicherweise – jegli-che PR-Anstrengung durch den unerbittlichen Filter der Medien gepresst wird, müssen wir verstehen, wie Medien ticken, wie Journalisten arbeiten und nach welchen Kriterien sie ihre Themen auswählen. Besonders für den PR-Neuling ist es unabdingbar, die deutsche Medienlandschaft zu kennen, sonst verläuft jedes noch so schöne Konzept, jeder vermeintlich interessant geschriebene Pressetext, jede perfekt organisierte Presseveranstaltung im Sande. Daher wird das Kapitel „Pressearbeit" auch den größten Platz dieses Buches einnehmen.

1.2   Ein Begriff, viele Assoziationen

PR oder →Propaganda? Eine Frage der Sichtweise

Es ist die Zeit des Kalten Krieges. US-Präsident John F. Kennedy und der Generalsekretär der UdSSR, Nikita Chruschtschow, veranstalten einen Wettlauf. Der sportliche, junge Kennedy wird natürlich Erster, und das russische Parteiorgan *Prawda* (deutsch: „Wahrheit)" hat ein Problem: Wie verkauft sie der Öffentlichkeit die Niederlage als Sieg? Immerhin geht es um den ideologischen Kampf zwischen Imperialismus und Kommunismus. Der linientreue Chefredakteur grübelt und grübelt. Plötzlich hat er eine Eingebung...

Am nächsten Tag ist in der *Prawda* zu lesen: "Bei dem gestrigen Wettlauf belegte Genosse Nikita Sergewitsch Chruschtschow einen hervorragenden zweiten Platz, während Kennedy nur als Vorletzter durchs Ziel ging."

Diese (natürlich erfundene) Geschichte zeigt – wie viele gute Witze dies tun – neben dem humorigen Aspekt auch tiefer liegende Vorurteile und Missverständnisse auf. Im Sowjetregime kam es wie in allen Diktaturen oft vor, dass die Wahrheit verdreht wurde. Doch was ist „wahr"? Wie verkauft man die Wahrheit? Gibt es überhaupt *eine* Wahrheit oder viele, je nach Betrachtungsweise?

1.2.1   Definition

Schon der Begriff *Public Relations*, abgekürzt PR, hat einen doppeldeutigen Sinn, der sich ins Deutsche wörtlich entweder als „Öffentliche Beziehungen" oder „Beziehungen zur Öffentlichkeit" übersetzen lässt. Beide Übersetzungen sind zutreffend und sagen schon Wesentliches über das Aufgabengebiet aus: Ersteres zeigt, dass PR selten im stillen Kämmerlein geschieht, sondern seine Wirkung in der Außendarstellung – dem gedruckten, gesendeten oder online gestellten Wort und Bild – entfaltet: Wo kein Außenauftritt, da keine Außenwirkung. Und letzteres meint, dass sie nicht im leeren Raum verhallt, sondern in den Kontakt, idealerweise den Dialog, mit der Öffentlichkeit treten muss. Wir sehen bereits, dass PR viel mit Wirkung zu tun hat. Auch verweist der englische Plural *Relations* bereits darauf, dass es nicht einen Weg und eine Methode, sondern mehrere „Beziehungen" zu geben scheint.

Am häufigsten und ganz offiziell wird Public Relations jedoch als „Öffentlichkeitsarbeit" und erweitert als „Presse- und Öffentlichkeitsarbeit" übersetzt. Den Begriff der Öffentlichkeitsarbeit führte Prof. Dr. Albert Oeckl, der als Erster in Deutschland einen PR-Lehrauftrag innehatte, in den sechziger Jahren des 20. Jahrhunderts in Deutschland ein. Das deutsche Suffix „-arbeit" klingt um einiges strenger und spröder als die angelsächsischen *Relations* und lässt keinen Zweifel daran, dass man PR-Erfolg nicht auf gut Glück hat, sondern dass PR offenbar „harte" Arbeit – umsichtige Planung, Fachwissen, Erfahrung und Praxis – bedeutet. Es heißt, durch Kommunikation die Wirklichkeit mitzuorganisieren und zu gestalten.[1] Es gibt Hunderte von Definitionen von Public Relations bzw. Öffentlichkeitsarbeit, da der Begriff wie auch die Tätigkeit äußerst komplex ist (s. Kapitel 1.3). Die DPRG, die *Deutsche Public Relations-Gesellschaft*, definiert PR als „Pflege und Förderung der Beziehungen eines Unternehmens, einer Organisation oder Institution zur Öffentlichkeit; sie sind eine unternehmerische Führungsaufgabe".

PR will hauptsächlich

überzeugen,
den Bekanntheitsgrad einer Marke oder eines Unternehmens, einer Institution etc. erhöhen,
ein positives Image aufbauen,
Akzeptanz und Vertrauen schaffen.

1.2.2 Was PR ist und was nicht

Wir lesen in der Tages- oder Boulevardpresse täglich über „PR", insbesondere, wenn es um Prominente geht. Dabei fällt jedoch auf, dass der Begriff zumeist abwertend und negativ verwendet wird: Zwei Hollywoodschauspieler vermarkten „PR-wirksam" ihren neuen Film, indem sie auch nach Drehschluss als Pärchen auftreten – wahr oder nur clevere PR? Ein anderer Schauspieler verkündet die Geburt seiner Tochter bereits nach fünf Minuten auf seiner Homepage und damit kennt seine „PR-Sucht" keine Grenzen. Ein

---

1 Vgl. Brauer, Gernot, *Wege in die Öffentlichkeitsarbeit*, 2. Aufl. 1996, S. 13.

Moderatorinnensternchen lässt „keinen PR-Auftritt" aus und die Klatschre-
porter raunen: „Vier Partybesuche an einem Wochenende – die braucht für
ihre neue Show wohl mal wieder etwas PR". Oft wird auch von PR-„"Gags"
gesprochen („Affäre Cruise-Holmes nur ein PR-Gag"?). Diese Definition
rückt PR schon gefährlich nah an die Lüge.

Ein renommiertes Nachrichtenmagazin behauptet gar überspitzt: „Public
Relations sind Meister der Verdrehung und helfen inzwischen sogar, Kriege
zu inszenieren."[2] Düstere Anklänge an eine Zeit, in der man in Deutschland
noch von →Propaganda sprach, sind wohl nicht ganz unbeabsichtigt. Doch
in einem gleich neben dem Artikel platzierten Interview erläutert der mittlerweile 85-jährige Harold Burson, Gründer der renommierten PR-Agentur
BursonMarsteller, höchstselbst den fundamentalen Unterschied: „… es kommt
drauf an, wie weit Sie Propaganda dehnen. Oft ist das dann nicht mehr PR.
Propaganda macht jemand, der die Leute irreführen will."[3]

PR will und sollte *niemals* bewusst in die Irre führen, denn das Debakel bei
Aufdeckung wäre ein Super-GAU für die Glaubwürdigkeit (des Unternehmens oder des Produkts), eines der Gebote von guter PR, auf die wir später
zu sprechen kommen werden. Die „bewusste Irreführung" wie die der amerikanischen und Weltöffentlichkeit während der Irakkriege, im Hintergrund
gesteuert durch gewiefte →Lobbyisten, →Spin Doctors und PR-Berater der
amerikanischen Regierung, lösten weltweit Empörung aus. Solche Kriegs-
propaganda trägt auch dazu bei, dass das Bild der Berufssparte nicht das al-
lerbeste ist.

Filmtipp

Wohin falsch verstandener PR-Lobbyismus führen kann, zeigt der Spielfilm
Wag the Dog (USA 1997) auf amüsante Weise. Um einen Sexskandal des
US-Präsidenten kurz vor der Wahl zu vertuschen, zetteln die Hintermänner
des Präsidenten gleich einen echten Krieg gegen Albanien an. Das Inter-
netlexikon →Wikipedia: „Mit allen möglichen Aktionen und Inszenierungen
wird von den →Spin Doctors eine Welle von Patriotismus erzeugt. (...) Eine
kritische Satire über den Umgang der Mächtigen mit Medien und Öffentlichkeit (...)."

---

2   „Meister der Verdrehung", in: *Der Spiegel,* Nr. 31/06, S. 72 ff.
3   Ebd., S. 76.

Oft wird PR „bewusste Wortverdreherei" vorgeworfen – dem wäre entgegen-zusetzen, dass sich auch die Journalistenzunft gekonnt jeglicher Nuancen und Facetten der Sprache bedient und ein absolut neutraler Journalismus utopisch ist. Schon die Entscheidung darüber, was in die Nachrichten kommt und was nicht, ist keiner „höheren Instanz", sondern der journalistischen Erfahrung, dem Gespür für das aktuelle Zeitgeschehen, zuzuordnen. Das bestätigt u.a. der langjährige *Tagesschau*-Moderator Ulrich Wickert in einem Interview: „Natürlich soll man sich mit einzelnen Nachrichtenelementen nicht gemein machen, aber durch die Auswahl allein bestimmen wir schon, ob wir etwas zur Nachricht machen oder nicht."[4]

Und, auch wenn Journalisten dies nicht gern hören: Ohne PR würde die Me-dienlandschaft kaum noch funktionieren. Nach Expertenschätzungen ist mitt-lerweile über die Hälfte von Medienartikeln auf PR zurückzuführen. In Zei-ten der Medienkrise, in der in deutschen Redaktionen aufgrund knapper Budgets und sinkender Einnahmen aus Werbeanzeigen am Personal und da-mit auch am Rechercheaufwand gespart wird, können sich nur wenige Flagg-schiffe des deutschen Journalismus viele, hoch spezialisierte Redakteure leisten. PR-Profis sind für die meisten Journalisten mittlerweile willkomme-ne Zuarbeiter. Eine exzellent geschriebene Pressemeldung mit wertvollen Hintergrundinformationen etwa erleichtert dem Redakteur die Recherche oder bringt ihn erst auf die Spur bestimmter Themen.

Geschäfte auf Gegenseitigkeit zwischen PR-Beratern und Redakteuren und oft auch der Anzeigenabteilung sind, insbesondere in der →Yellow Press, keine Seltenheit mehr: Wer gewisse Artikel oder Interviews mit Prominenten liest, stößt oft auf „zufällig" genannte Produktnamen („Ich pflege meine Haut zum Beispiel mit der Feuchtigkeitscreme X und benutze den Lippenstift Y, beides von Marke Z"), ein paar Seiten weiter im gleichen Blatt findet sich dann die ganzseitige Anzeige für Lippenstift Y – und wir lesen an anderer Stelle zudem, dass der oder die Prominente als neues →Testimonial der be-sagten Marke eingekauft wurde. Sprich: Schaltest du bei uns eine ganzseitige Anzeige, bekommen wir Deinen Promi exklusiv fürs Interview und den Pro-duktnamen darf er auch noch nennen. Eine Anzeige muss nach deutschem Recht eindeutig als solche gekennzeichnet sein (z. B. durch das Wort „An-zeige" über dem Werbetext), ungleich glaubwürdiger ist ein „zufällig" fallen gelassener Produktname im redaktionellen, also nicht-kommerziellen Teil einer Publikation. Wer kauft also wen? Klassische Medienkooperationen laufen dagegen anders ab, wie wir noch sehen werden.

---

4   „Ich habe ein zweites Leben", in: *Der Spiegel,* Nr. 35/06, S. 77.

Zunehmend lassen sich auch Stars oder Sternchen von einer Publikation vereinnahmen – Exklusivinterviews, Vorabdrucke von Lebensbeichten oder *Homestories* erscheinen dann vorrangig oder ausschließlich dort.

Dies alles trägt natürlich nicht dazu bei, das schiefe Bild der Public Relations bei Journalisten geradezurücken. PR-Profis wissen um diese ambivalente Beziehung, die ihnen das Alltagsgeschäft manchmal erschwert.[5]

1.2.3   PR und Werbung

Public Relations stand lange im Schatten der glitzernden Werbebranche. Der Satz „Neben unserer Werbekampagne machen wir auch noch ein bisschen PR" war in vielen Werbeagenturen und Marketingabteilungen früher zu hören. PR-Budgets waren winzig im Vergleich zu den Millionenetats, die für eine Werbekampagne quer durch alle Kanäle zur Verfügung standen. Noch heute geben Markenunternehmen an die 30 Milliarden Euro pro Jahr für klassische Werbung aus.[6]

Dennoch hat sich die Situation gewandelt. Public Relations holen sowohl budgetär als auch von der ihr zugesprochenen Bedeutung im Kommunikationsmix auf. Warum? PR wird endlich ernst genommen, da sie – anders als Werbung – das Image eines Unternehmens, einer Marke, einer Person etc. *nachhaltig* prägen kann. Werbung heißt immer: Ich spreche über mich. PR meint: Andere sprechen über mich. Werbung will einen direkten Kaufanreiz auslösen. PR will Glaubwürdigkeit erreichen, ein positives Image generieren, langfristig die Wahrnehmung einer Marke beeinflussen. PR schafft die Vertrauensbasis, auf der die Werbung als Verkaufsinstrument aufbauen kann.

Public Relations geht immer über die Medien als Mittler, als Träger wie als Filter von Botschaften. Da PR nicht so transparent (oder: lärmend) ist wie Werbung, ist sie für viele Menschen so schwer zu begreifen, zu erkennen und zu erklären. Bei der Werbung pappt wenigstens das Wort *Anzeige* drauf. Ja, wir haben schon als Kinder gelernt, dass die vielen lustigen Filmchen, mit denen das laufende TV-Programm unterbrochen wird, zusammengenommen „Werbepause" heißen. Für die Ausstrahlung des Spots, die Veröffentlichung (in der Werbersprache: Schaltung) der Anzeige, des Online-Werbebanners

---

5   Vgl. z. B. die Studie: Bentele, Günter, et al: *Profession Pressesprecher, Vermessung eines Berufsstandes,* Berlin 2005, S. 116 ff.
6   „Eier aus Verzweiflung", in: *Welt am Sonntag,* 30.09.2006, S. 28.

wird kräftig gezahlt – nicht immer lohnend, da täglich 3.000 Werbebotschaften auf die Konsumenten „einprasseln".[7]

Für PR wird in der Regel nicht gezahlt, wobei es, wie wir ja schon gesehen haben, immer mal Geschäfte auf Gegenseitigkeit gibt. Das ist nicht die eleganteste Form der Berichterstattung und oft wird lediglich aus purer Verzweiflung darauf zurückgegriffen, weil der Chef oder der Kunde der PR-Agentur irgendeine Art der Berichterstattung erwartet. Dann hat die klassische Pressearbeit bedauerlicherweise versagt.

> Werbung kann die Bekanntheit eines neuen Produkts mit hohem Kostendruck „pushen", jedoch langfristig keine PR ersetzen.

Doch so sehr sich PR von Werbung unterscheidet – eine integrierte Gesamtkommunikation für die Marke, das Unternehmen, das Produkt ist zunehmend wichtig. Das bedeutet, dass sämtliche Maßnahmen einer Konzeption ineinander greifen und die Botschaften stimmig sind. Wenn ich einen Werbefilm für ein neues Auto produziere und darin behaupte, dieses neue Modell sei durch seinen günstigen Preis und das große Raumangebot ideal für junge Familien, darf sich die begleitende Pressearbeit, geschweige denn das gesamte Kommunikationskonzept, nicht ausschließlich auf gut verdienende ältere Singles und an hochwertige Lifestylemedien richten, die von dieser Zielgruppe gelesen werden.

Im Unternehmen arbeitet die Pressestelle daher eng mit der Marketingabteilung zusammen, und auch PR-Agenturen stimmen ihr Jahres- oder Projektkonzept mit den Produktmanagern und Vertriebsleitern ihres Kunden ab. Insbesondere im Bereich Produkt-PR kommt das PR-Briefing nicht selten ohnehin vom Marketing. Mehr dazu in Kapitel 2.

Fazit: PR wird landläufig mindestens als oberflächlich und auf reine Außenwirkung bedacht wahrgenommen oder, vor allem in der breiten Öffentlichkeit, fälschlicherweise oft dort verwendet, wo andere Wörter wie Werbung oder →Promotion zutreffend wären. Es hat sich jedoch leider zunehmend verbreitet, diese zwar mit PR mehr oder weniger eng verwandten, jedoch unbedingt davon abzugrenzenden Gebiete unter dem Sammelbegriff PR zusammenzufassen, so dass das Wort selbst viele negative Konnotationen bekommt, die es ganz sicher nicht verdient hat.

7　Ebd.

Dabei ist klassische, erfolgreiche PR viel mehr und funktioniert auch ganz anders. Eine Suche nach dem Begriff „Public Relations" mit der Online-Suchmaschine *Google* ergibt (im September 2006) 623 Millionen Einträge. Hilfe, wie komme ich da raus? Oder überhaupt: hinein?

1.3 Berufsfeld und Aufgaben

„Ich mache PR." Das klingt je nach Zuhörer glamourös bis dubios. Manch einer stellt sich Gala-Events vor, auf denen sich die Prominenz die Klinke in die Hand gibt, gigantische Präsentationen luxuriöser Produkte, der PR-Profi champagnertrinkend auf Du und Du mit den VIPs. Bei anderen wiederum löst der Begriff – wir sagten es bereits – negative Assoziationen aus: Manipulation, Oberflächlichkeit, →Lobbyismus, →Propaganda! Aus meiner Berufspraxis kann ich sagen, dass ein großer Teil der PR-Arbeit furchtbar unglamourös ist. *Gute PR hat sehr viel mit guter Organisation zu tun.* Den Überblick über Einzelmaßnahmen behalten, die Medienlandschaft kennen, Veranstaltungen planen und durchführen, eine Mitarbeiterzeitung regelmäßig herausbringen, Presse- oder interne Anfragen koordinieren und beantworten – all das erfordert konzentrierte Organisation und Multi-Tasking. Und: Hinter jedem erfolgreichen Event, jeder kreativen PR-Maßnahme steht ein durchdachtes Konzept, wie wir später sehen werden.

Hinzu kommt, dass man in einer PR-Agentur oder der Unternehmenspressestelle selten voraussehen kann, was der Tag alles bringt. Ein Mitarbeiter oder Kunde muss für ein Interview gebrieft werden, ein Journalist möchte wissen, ob bei Ihrem neuen Produkt Störungen auftreten können, Sie müssen eine Kooperation mit einer Zeitschrift koordinieren, außerdem fragt ein TV-Journalist an, ob man in den nächsten Tagen in Ihrer Fertigungshalle drehen könne. Normaler Alltag für PR-Schaffende.

Public Relations ist ein Beruf mit so genanntem „freiem" Zugang. Das heißt, dass man nicht zwingend Kommunikationswissenschaften studieren muss, um dort Fuß zu fassen. PR-Berater kommen aus allen Bereichen – vom Chemiker zum Geisteswissenschaftler – und oftmals ist gerade eine scheinbar PR-fremde Vorbildung hilfreich. Im Bereich →Healthcare-Kommunikation kann eine medizinische oder pharmazeutische Ausbildung von großem Nutzen sein; ein BWL-Studium oder eine Ausbildung zum Bankkaufmann hilft dagegen in der Finanzkommunikation und bei →Investor Relations enorm weiter.

Eine Voraussetzung für die PR-Ausbildung gilt jedoch fast ausnahmslos, vor allem in den größeren Agenturen und Unternehmen: Ein abgeschlossenes *Hoch- oder Fachhochschulstudium* vorweisen zu können.

Doch: Fachwissen allein zählt nicht. Ein PR-Schaffender muss sich zwar in seinem Fachgebiet gut auskennen und stetig weiterbilden, er muss zunächst jedoch ein kommunikativer „Allrounder" sein. Neben fachlicher Kompetenz, mit der die Qualität der PR-Arbeit steht und fällt, spielen *Soft Skills* wie Überzeugungskraft, Dynamik, Organisationsgeschick und ein Gespür für Strömungen, Themen und Trends eine große Rolle. Und wie in vielen anderen Situationen, ist auch für den PR-Erfolg ein Quäntchen Glück – zur richtigen Zeit das richtige Thema an die richtigen Medien und Multiplikatoren zu bringen – vonnöten.

Es ist üblich, dass man sich nach der Volontariatsausbildung, die in Agenturen zwischen 12 und 18 Monaten dauern kann, zumindest in großen Agenturen spezialisiert; wer dagegen in einem Unternehmen angefangen hat, wird bei Bewerbungen an andere Unternehmen größere Chancen haben, wenn es seinem vorigem ähnelt. Man nimmt einem PR-ler, der sich z. B. bei einem Flugzeughersteller bewirbt, eher ab, dass er technische Zusammenhänge begreift, allgemeinverständlich erläutern kann und zur einschlägigen Fachpresse bereits gute Kontakte hat, wenn er zuvor einige Zeit im Maschinenbauunternehmen tätig war.

Ich kann jedoch nur raten, sich nicht allzu früh zu spezialisieren. Gerade in Agenturen mit ihrer vielfältigen Kundenstruktur lohnt es sich, wenn möglich, im Volontariat in verschiedene Bereiche hineinzuschauen und sich später auf Schwerpunkte zu verlegen. PR, ein noch relativ junges Berufsfeld, spezialisiert sich mehr und mehr. Tourismus-PR, Unternehmenskommunikation, Produkt-PR, →Public Affairs, Krisenkommunikation, Personality-PR – alles Sparten der Public Relations mit verschiedenen Anforderungen, verschiedenen Themengebieten und unterschiedlichen Schwerpunktmedien.

Das Berufsfeld PR selbst besteht grob aus folgenden
Teilbereichen:

- Pressearbeit
- Veranstaltungsorganisation
- Mediengestaltung
- Interne Kommunikation
- Sponsorings

Die zentralen Aufgaben werden von der *Deutschen Public Relations-Gesellschaft* (DPRG) e.V. unter der einprägsamen Kurzformel **AKTION** zusammengefasst, für die ich Beispiele anführe:

Analyse: Strategie, Konzeption, Situationsanalyse, Stärken-/Schwächen, Profile, Ziele etc.

Kontakt: Beratung, Dialog, Verhandlungen, Gespräche und Dialog mit Vorgesetzten, Kunden, Journalisten, Meinungsbildnern

Text: kreative Aufbereitung und Gestaltung von Informationen, z. B. Pressemitteilungen, Broschüren, Websites, →Weblogs

Implementierung: Wie sollen die Maßnahmen umgesetzt werden? – Planung, Kostenkalkulation, To Dos, Zeitpläne

Operative Umsetzung: das konkrete Durchführen von Veranstaltungen, Projekten, Aussenden von Informationen etc.

Nacharbeit: Evaluation, Erfolgskontrolle der Maßnahmen, Effizienz, Durchführen von Verbesserungen

Die meisten dieser Aufgaben werden in vorliegendem Handbuch behandelt. Beginnen wir mit der Konzeption.

2. Die PR-Konzeption

In neun Schritten von der Konzeption zur Gestaltung einer PR-Kampagne

Ein gutes PR-Konzept ist die Voraussetzung für eine erfolgreiche Kommunikation. Eine Kampagne zum 100. Jubiläum Ihrer Firma, die anstehende PR-Jahresplanung für Ihren Kunden, der →Launch eines Produkts, das neue →Corporate Design einer Marke – all das sind Anlässe für eine durchdachte Kampagnenkonzipierung.

Wenn Sie Ihrem Vorgesetzten oder Kunden einen PR-Plan präsentieren können, der nicht einfach müde Maßnahmen nach dem Gießkannenprinzip – eine Meldung hier, eine Pressekonferenz da, eine Mitarbeiteraktion dort – ausschüttet, sondern aufzeigt, warum Sie diese Maßnahmen entwickelt haben, kurz: wenn Sie zeigen können, dass Sie das Unternehmen oder die Marke verstanden haben, so steigen die Chancen, Ihr Kommunikationsziel oder das des Kunden auch zu erreichen und die Bereitschaft, dafür Budget auszugeben.

Auch auf den ersten Blick – zumindest in den Augen Ihres Kunden oder Chefs – absurd oder gewagt erscheinende Maßnahmenideen ergeben plötzlich einen Sinn, wenn Sie diese aus Ihrem Konzept sauber ableiten können. Denn: Erwarten Sie kein allzu großes Abstraktionsvermögen. Natürlich kennen viele Marketingmanager oder Geschäftsführer ihre Unternehmenshistorie oder Marke recht genau (oder glauben dies zumindest), nur fehlt oft das Know-how oder das Verständnis, diese Kenntnisse in originelle PR-Ansätze nach Medienbedürfnissen umzuwandeln. Das ist ja auch Ihre Aufgabe.

Besonders in Zeiten massiver Einsparungen kann auch ein kleines, aber feines PR-Konzept äußerst wirkungsvoll sein.

Praxistipp!

Die Erarbeitung eines Kommunikationskonzepts sollte Teamwork sein – in PR-Agenturen sowieso an der Tagesordnung. Auch wenn Sie in einem Unternehmen tätig sind, sollten von Anfang an alle an einem Tisch sitzen und in die Konzeptionsphase einbezogen werden: Presse, Marketing, Vertrieb, ggf. ein Mitglied der Geschäftsführung, ein Vertreter des in Frage kommenden Fachbereichs, wenn vorhanden auch der Verwalter des Unternehmens- oder Fotoarchivs: Diese Aufgabe wird in größeren Unternehmen oft von langjährigen Mitarbeitern oder sogar Pensionären betreut; ein solcher Mitarbeiter kennt die Unternehmens- oder Markenhistorie in der Regel genau und kann Gold wert sein. Holen Sie zu Kreativmeetings, Ideenworkshops, Brainstormings auch Mitarbeiter aus ganz anderen Fachbereichen sowie, für frischen Wind und unverbrauchte Ideen, auch Praktikanten oder Aushilfen dazu! Das gilt insbesondere auch für die Entwicklung von Maßnahmen.

Im Folgenden wird die PR-Konzeptionstechnik in neun aufeinander folgende Einzelschritte aufgeteilt.

2.1   Schritt 1: Fakten, Fakten, Fakten – die Ausgangssituation

Bevor Sie mit originellen PR-Ideen um sich werfen können, müssen Sie zunächst Ihr Unternehmen oder Produkt genau kennen. Hierzu tragen Sie alle relevanten, Ihnen bekannten Fakten darüber zusammen und analysieren diese möglichst genau.

Insbesondere bei →Pitches unter PR-Agenturen gibt es zwar ein Briefing, das oft aus der Marketingabteilung des Kunden kommt. Dies fällt jedoch meist recht dünn aus oder besteht aus Informationen, welche nicht unbedingt für mögliche Kommunikationsansätze wichtig sind, während es für die Kommunikation u. U. wertvolle Informationen nicht berücksichtigt. Meint auch das Unternehmermagazin „impulse" in seiner online-Ausgabe:

Allerdings besteht das Risiko, dass externe Berater nicht genügend über die Unternehmens- und Marktentwicklungen, die Produkte oder andere unternehmensrelevante Themen und Bereiche informiert sind. Zumal manche Unternehmen Externe nicht ausreichend an internen Entwicklungen teilhaben lassen. Das führt dazu, dass die Externen weniger gute Ideen und Inhalte entwickeln können und von den Medien als Ansprechpartner nicht akzeptiert werden. Daher ist es ratsam, PR-Berater nicht als Lieferanten [,] sondern als Partner anzusehen und diese auf dem Laufenden zu halten.[8]

---

8   Impulse online: „Interne oder externe PR-Berater?"

Zumindest ist ein Briefing ein erster Schritt für das Grundverständnis Ihrer Aufgabe. Es enthält Angaben über das Produkt, das Projekt, Event etc., um das es geht und formuliert u. U. mögliche Ziele. Dies können Marketingziele sein, die nicht unbedingt mit den später fixierten Kommunikationszielen übereinstimmen müssen! Sie können mit PR nicht direkt messen, ob sich z. B. hunderttausend Produkte mehr verkaufen als vorher. Dies müssen Sie Ihrem Kunden oder Vorgesetzten in jedem Fall vorher klar machen.

Sie werden also trotz Briefings nicht umhin kommen, selbst nützliche Hintergrundinformationen zu recherchieren – und sollten dies auch tun. Mit Detailwissen über das Unternehmen oder Produkt sammeln Sie Pluspunkte bei Ihrem möglichen Auftraggeber.

Beispiele für Fragestellungen:

- Wie lautet die Unternehmensphilosophie?

- Wie ist die Historie Ihres Unternehmens/Produkts?

- *Know your enemies*: Wie ist die Wettbewerbssituation?

- Wie sieht der Markt aus? Wie wird er sich voraussichtlich entwickeln, welche Trends gibt es in der Branche?

- Welchen zukünftigen Weg will Ihr Unternehmen einschlagen? Welche Ziele hat es sich gesetzt, mit welcher Strategie sollen diese umgesetzt werden? Gibt es hierfür konkrete Zeit-/Maßnahmenpläne?

- Gab es bisher überhaupt eine Kommunikationsstrategie? Wenn ja: wie sah diese aus, an welche Zielgruppen war sie gerichtet, welche Inhalte und Kernbotschaften transportierte sie? Hat sie ihre Ziele erreicht oder nicht, woran lag das?

Sie werden nach und nach herausfiltern können, welche Informationen Sie für die Konzeption benötigen und welche Sie außer Acht lassen können. Doch nicht zu früh! Auch aus einem zunächst vermeintlich nebensächlichen Aspekt lässt sich später vielleicht ein Ziel formulieren, eine originelle Maßnahme ableiten. Im Idealfall nehmen an dieser Stelle bereits erste Ideen in Ihrem Kopf Gestalt an. Notieren Sie diese erst einmal; Sie können später immer noch darauf zurückkommen oder werden feststellen, dass sie doch nicht ins Konzept passen.

2.2   Schritt 2: Problemanalyse

Sobald Sie alle Fakten zusammengetragen haben, geht es an deren Bewertung. Welche Probleme zeichnen sich, bedingt durch die Historie, bestimmte Eigenschaften, starke Wettbewerber etc. für das Unternehmen oder das Produkt ab?

Ergebnisse liefert eine strukturierte Problemanalyse z. B. anhand der so genannten SWOT-Formel: Strengths/Weaknesses, Opportunities/Threats. Identifizieren Sie auf Basis der Resultate aus Schritt 1 die Stärken/Schwächen, Chancen/Risiken.

Praxistipp!

Bringen Sie die vier SWOT-Felder auf eine Metaplanwand oder in Tabellenform, um auf einen Blick die Ergebnisse Ihrer Analyse ersehen zu können. Gegebenenfalls müssen Sie auch noch zwischen externer und interner Problemstellung unterscheiden.

2.3   Schritt 3: Aufgabenstellung formulieren

Schritt 1 und 2 ergeben die kommunikative Aufgabenstellung, die Ihre Konzeption lösen soll. Formulieren Sie diese knackig-kurz als Frage oder Aufforderung, ggf. wieder unterschieden in eine interne und externe Aufgabenstellung.

Beispiel:

Aufgabe intern: „Eine Kommunikationsstrategie entwickeln, die sämtliche Mitarbeiter in das Projekt X einbeziehet."

Aufgabe extern: „Für das kritische Projekt X Akzeptanz und Toleranz in der Öffentlichkeit schaffen."

Oder formulieren Sie die Aufgabe als eine Schlagzeile, die Sie sich wünschen.

Beispiel:

„Job-Motor: Firma Y schafft mit Mikroelektronik 200 neue Arbeitsplätze am Standort"

2.4   Schritt 4: Ziele fixieren

Haben Sie beim vorigen Schritt noch darauf verzichtet, eine Zielsetzung zu formulieren, sondern lediglich die Aufgabe umrissen, so darf es nun konkreter werden: Welche Ziele wollen Sie mit Ihrer Kommunikation erreichen? Achtung, diese müssen messbar sein, z. B. durch eine zeitliche Eingrenzung.

Beispiele:

- Sensibilität für das Thema „Energiesparen" in den nächsten sechs Monaten steigern (z. B. mehr Medienberichte als im vergleichbaren Vorjahreszeitraum)

- Erhöhung des Bekanntheitsgrades von Produkt X bis Ende des laufenden Geschäftsjahres

- Überwiegend positive Berichterstattung (positive oder neutrale Tonalität in mehr als 50% der Presseberichte zum Thema) über unsere Standortverlagerung in den Zielmedien (und zwar bis zum konkreten Umzug unserer Firma)

Legen Sie hier noch nicht fest, *wie* Sie diese Ziele erreichen wollen, das folgt als Strategie im übernächsten Schritt.

2.5   Schritt 5: Zielgruppen definieren

Wen wollen Sie mit Ihrer Kommunikation erreichen? Welche Medien müssen Sie ansprechen? Das entwickeln Sie in diesem Schritt.

Die Zielgruppe leitet sich aus mehreren Faktoren ab: beispielsweise dem Unternehmenszweck und den -zielen, den Kunden, die bereits bestehen oder gewonnen werden sollen, den Produkten, die Sie herstellen und vertreiben, den Lesern Ihrer Publikationen (wie z. B. Mitarbeiter- oder Kundenzeitschriften).

Hauptzielgruppe sind die Medien Ihrer internen und/oder externen Kommunikation, über diese erreichen Sie Ihre Endverbraucher – Kunden, Analysten, Investoren, Meinungsbildner, Organisationen, bestimmte Berufs-, Alters-, Einkommensgruppen. Es ergibt keinen Sinn und ist für Ihr Budget ruinös, die später zu entwickelnden Maßnahmen „auf gut Glück" an die Medien zu geben. Wenn Sie Ihre Zielgruppe kennen, wissen Sie auch, welche Publikationen diese liest, welche TV-Formate sie schaut, welche Radiosender sie hört und auf welchen Websites sie sich tummelt. Nur dann können Sie maßgeschneiderte PR-Ideen entwickeln und umsetzen.

Bestimmte Zielgruppen bilden in der Kommunikation wiederum so genannte *peer groups*. Der Begriff aus der Soziologie meint eine Gruppe Gleichgesinnter, die sich z. B. durch eine ähnliche Herkunft, die gleiche Altersklasse, aber auch ähnliche Weltanschauungen und Interessen zusammensetzt. Insbesondere bei Jugendlichen ist die Identifikation mit ihrer *peer group*, die bis in Details wie einem bestimmten Kleidungsstil oder einheitlichen Sprach- und Verhaltenscodes reichen kann, ein wichtiger Bezugspunkt. *Peer groups* werden auch für die PR immer wichtiger, weil sie differenzierter sind als schnöde demografische Angaben über Altersklasse oder Einkommen, die meist wenig aussagen.

Als *opinion leader* wiederum bezeichnet man Menschen, die innerhalb ihrer sozialen Gruppe meinungsführend sind. Wenn man diese tonangebenden „Alphatiere" im Rahmen einer Kommunikationsstrategie gewinnt, erreicht man über sie auch diejenigen, die sich mit dem *opinion leader* identifizieren bzw. diesen imitieren. *Opinion leader* können prominente →Testimonials sein, aber auch Personen, die hauptsächlich in einem bestimmten Umfeld bekannt oder bei einem gewissen Personenkreis angesehen sind.

Ein Beispiel: Wenn Sie PR für ein genetisch erzeugtes Lebensmittelprodukt machen, so ist davon auszugehen, dass in der Presse und auch direkt in der Öffentlichkeit kritische Stimmen zu dem Unternehmen und Produkten laut werden. Schaffen Sie es jedoch, anerkannte Experten zu dem Thema – etwa den Verbraucherschützer, den Ernährungswissenschaftler – für Ihre Sache zu gewinnen, indem sie sich in Interviews für Sie aussprechen und auch auf kritische Nachfragen in Ihrem Sinne und kompetent antworten können, und wandelt sich die Berichterstattung in den Medien zu Ihren Gunsten, so haben Sie über diese Meinungsführer eines Ihrer möglichen PR-Ziele schon erreicht, nämlich die Akzeptanz von Gen-Food zu erhöhen.

2.6 Schritt 6: Botschaften ableiten

Nun können Sie aus den Zielen Botschaften für Ihre Zielgruppe ableiten: Welche Aussagen sollen bei ihr nachhaltig „hängenbleiben"? Formulieren Sie knackig-kurze Kernbotschaften, keine Aufsätze. Danach vergleichen Sie kritisch: Stimmen die Botschaften immer noch mit den zuvor fixierten Zielen überein? Wenn nein, gehen Sie zurück zu *Schritt 4*.

Beispiel: Kernbotschaften für das neue Erfrischungsgetränk „Sommerbrause"

▪ Kernbotschaft für die Fachpresse: Getränkefirma XY ist mit der Entwicklung der neuen Sommerbrause führend im Segment der saisonalen Erfrischungsgetränke

▪ Kernbotschaft für die Wirtschaftspresse: Firma XY steigert mit der Innovation „Sommerbrause" Umsatz um xy Prozent und etabliert sich am Markt

▪ Kernbotschaft für die Lifestylepresse: Die neue Sommerbrause von Firma/Marke XY weckt Urlaubsgefühle

Wichtig: Ähnlich wie bei den Wunsch-Schlagzeilen aus *Schritt 3* (Aufgabenstellung) müssen diese Botschaften später nicht „eins zu eins" in der Presse stehen! Sie können noch gar nicht wissen, was die Medien in ein paar Monaten dazu veröffentlichen werden (denn mit der Erstellung Ihres Konzepts müssen Sie frühzeitig beginnen, auch um Medien mit langem Planungsvorlauf zu erreichen – siehe Kapitel 3.5 *Der Presseversand)*. Die Botschaften zeigen lediglich die Richtung, die Sie mit der Kampagne einschlagen, indem in der konkreten Umsetzung bestimmte Aspekte betont werden. Sie können nicht alle Facetten des Unternehmens, des Produkts etc. gleich stark betonen, sondern müssen u. U. je nach Mediengattung und damit je nach Zielgruppe differenzieren. Anders ausgedrückt, einen Jugendlichen wird nicht Ihre Botschaft für die Wirtschaftspresse interessieren, nämlich wieviel Umsatz das Unternehmen mit dem neuen Getränk machen will. Wohl aber, wonach die neue Brause schmeckt, wie das Flaschendesign aussieht und ob es in seiner *peer group* angesagt ist, sie zu trinken.

2.7   Schritt 7: Strategie(n) festlegen

Auf welche Weise erreichen Sie nun Ihre Ziele und Zielgruppen? Diese Frage muss Ihre *Kommunikationsstrategie* beantworten. Ohne schon auf konkrete Maßnahmen einzugehen, überlegen Sie, welche Strategie sich aus den bisherigen Schritten ableiten lässt. Den „Königsweg" gibt es dabei selten, Sie können sich je nach Budget, personeller Kapazität oder Risikobereitschaft für eine einzige Strategie entscheiden oder von mehreren Flanken „angreifen". Wenn Ihr Produkt etwa eine große Masse potenzieller Kunden anspricht, fahren Sie mit verschiedenen Strategien – die jedoch dasselbe *Ziel* haben können – für verschiedene Zielgruppen sogar besser.

Insbesondere dem PR-Anfänger fällt die Trennung von Ziel und Strategie nicht ganz leicht.

> Merke: Strategie beantwortet immer die Frage: *Wie bzw. wodurch sollen meine Ziele erreicht werden?*

Nehmen wir zwei Beispielziele aus Schritt 4 und ergänzen sie nun durch den strategischen Ansatz:

Beispiel 1

ZIEL: Die Sensibilität für das Thema „Energiesparen" in den nächsten sechs Monaten steigern.

WIE erreichen wir das?

STRATEGIE: Durch Aufklärung/eine mehrstufige Informationskampagne zu dem Thema

Beispiel 2

ZIEL: Erhöhung des Bekanntheitsgrades von Produkt X bis Ende des Geschäftsjahres

WIE erreichen wir das?

STRATEGIE: Durch ein zeitlich gestaffeltes, integriertes Maßnahmenpaket.

Meist kommen Sie in Ihrer Strategie schon auf bestimmte *Themenansätze,* die Sie dann im nächsten Schritt zu Maßnahmen ausbauen können. Da mittlerweile fast jeder PR-Schaffende weiß, dass sein Produkt- oder Unternehmensname, vor allem im „seriösen" Nachrichtenjournalismus oder bei öffentlich-rechtlichen Sendeanstalten wegen des möglichen Vorwurfs von „Schleichwerbung" (neudeutsch bzw. -englisch *product placement)* eher selten genannt wird, besteht ein wirkungsvoller Ansatz darin, sich mit seinem Unternehmen, seiner Marke oder seinem Produkt auf Themen aufzusetzen, welche für die Medien und die Öffentlichkeit interessant sind. Dies wird als *Themensetting* bezeichnet.

So hat zum Beispiel eine Körperpflegemarke eine Initiative für „wahre Schönheit" und mehr Selbstbewusstsein bei jungen Frauen ins Leben gerufen, ein Druckerhersteller engagiert sich für den Kosten sparenden Umgang mit Papier, ein Getränkehersteller setzt sich für den Erhalt des Regenwalds ein, ein anderer sammelt Spenden zur besseren Trinkwasserversorgung in einem Entwicklungsland. Welche Themen Sie auch immer auswählen: Sie müssen zur →Corporate bzw. Brand Identity Ihres Unternehmens oder Themas passen.

2.8   Schritt 8: Maßnahmen finden

Kommen wir zum kreativen Teil Ihrer Kampagne. Sie wissen nun, welche Zielgruppen und Ziele Sie mit Ihrer PR-Kampagne erreichen wollen und auch, wie. Sie haben Botschaften formuliert, die bei den Zielgruppen ankommen sollen. Sie kennen die Zielmedien, in denen Sie die Botschaften zumindest sinngemäß wiederfinden wollen. Sie haben Themen identifiziert, mit denen Sie Ihr PR-Projekt verknüpfen wollen.

Welche konkreten Maßnahmen müssen nun ergriffen werden? Die wichtigsten lernen Sie in den folgenden Kapiteln besser kennen (Hinweise in Klammern). Einzelmaßnahmen können zum Beispiel sein:

INTERN (Kapitel 5, *Interne Kommunikation*):

- Einführung oder Erweiterung des Intranets (5.4.1)
- Gründung oder Veränderung einer Mitarbeiterzeitschrift (5.4.2)
- Organisation eines Mitarbeiterfestes oder Betriebsausflugs
- Unternehmens-TV
- Firmen-Blog (7.2.2)

EXTERN:

- Pressemeldungen, Hintergrundtexte (3.1), Interviews (4.2),
- Presseveranstaltungen: Pressekonferenz (4.1), PR-Event, Pressegespräch, Pressereise, Redaktionsbesuche (4.3)
- Medienkooperationen (3.6)
- Eigene Publikationen: Kundenzeitschrift, Imagebroschüre, Projektbooklet, Newsletter
- Internet: Einführung oder Veränderung Unternehmens-Homepage, →Weblogs, →Podcasts, Online-Newsticker (Kapitel 7)
- Sponsorings von Veranstaltungen, Zielgruppen, Einzelpersonen (wie Sportlern)
- PR-Support von Marketingaktionen wie →Guerilla-Marketing (7.4), Werbe- oder →Testimonialkampagne, Messen, →Promotions

Es gibt also eine Fülle von möglichen Maßnahmen, um das Kommunikationsziel zu erreichen.

Die Maßnahmen sind derjenige Teil Ihrer PR-Konzeption, auf den Ihr Kunde oder Vorgesetzter besonders reagieren wird, denn da geht es ans Eingemachte: „Was machen wir denn nun konkret?" Insbesondere für PR-Agenturen gibt es dabei einige Fallstricke zu beachten:

Praxistipp! Maßnahmenkonzeption

- Behalten Sie Ihre Zielgruppen immer im Auge! Eine PR-Kampagne für ein Seniorenstift ausschließlich über das Internet laufen zu lassen, wird wenn überhaupt, nur einen geringen Bruchteil Ihrer Zielgruppe der Generation „60 plus" erreichen und relativ wirkungslos verhallen. Bei PR-Aktionen für einen neuen Kinderfernsehkanal beachten Sie dagegen, dass heute schon Vorschulkinder selbstverständlich mit dem Internet umgehen (jedoch u. U. manche Online-Angebote für sie gesperrt sein können!).

- Klopfen Sie alle Maßnahmen auf ihre Realisierbarkeit und mögliche Hindernisse ab. Sonst kann es peinlich werden. Also: Wenn Sie Ihrem Kunden als Maßnahme für eine neue Saucenmarke eine Rezeptserie in Frauenzeitschrift X vorschlagen, stellen Sie sicher, dass diese Publikation auch ein Food-Ressort besitzt. Wenn Sie eine Info-Tour durch zehn deutsche Städte planen, vergewissern Sie sich, dass in dem Zeitraum keine Konkurrenzereignisse wie eine nationale Großveranstaltung stattfinden usw. Zeigen Sie, dass Sie im Rahmen Ihres Briefings bzw. Konzepts an (fast) alles gedacht haben, das untermauert Ihre Kompetenz.

- Versprechen Sie nichts, was Sie später nicht halten können. Planen Sie ein größeres Maßnahmenpaket, z. B. eine exklusive Medienkooperation mit einem Medium, so lohnt vorher ein Anruf oder Besuch (Kapitel 4.3) bei dem verantwortlichen Redakteur, bei dem Sie erfragen können, ob und inwieweit eine Zusammenarbeit überhaupt vorstellbar ist. Wenn Ihr Kunde die Idee schon bei der Präsentation begeistert „kauft", Sie ihm aber hinterher berichten müssen, dass bei der Publikation gar kein Interesse an einer Medienkooperation besteht, können Sie die Maßnahme und meist auch den PR-Etat gleich vergessen.

- Seien Sie, insbesondere als Dienstleister, sprich: PR-Agenturberater, darauf gefasst, dass Sie Ihre Maßnahmen mit Fakten unterlegen müssen, wenn kritische Nachfragen kommen – und diese kommen garantiert. Ziehen Sie also alle Ergebnisse Ihrer Situationsanalyse hinzu, um beispielsweise belegen zu können, dass bereits die Hälfte aller Vorschulkinder das Internet nutzt.

- Halten Sie nicht starr an den einmal vorgestellten Maßnahmen fest; manchmal ist der Ideenkern richtig, nur an der Umsetzungsmethodik muss gefeilt werden. Arbeiten Sie immer eng mit Ihrem Auftraggeber zusammen. Stellen Sie möglichst zu jedem Ansatz zwei bis drei Maßnahmenideen vor, das erhöht die Chance auf Umsetzung zumindest einer davon.

- Gehen Sie bei Ihren Maßnahmen generell den Weg des geringsten Risikos, vor allem, wenn Sie ein überschaubares PR-Budget haben. Greifen Sie auch auf Bewährtes zurück, wandeln Sie erfolgreich durchgeführte Maßnahmen ab oder aktualisieren diese. Wenn Sie aufgrund des Budgets und Ihres Konzepts zu dem Schluss kommen, dass zehn Pressemitteilungen und eine einzige Pressekonferenz im Jahr sinnvoll und ausreichend sind, dann belassen Sie es dabei und erfinden nicht krampfhaft aufwändige, aber wenig zielführende Maßnahmen hinzu. Sie müssen Ihre Auswahl begründen können. Aber Sie müssen nicht das Rad neu erfinden.

- Wenn Sie für eine Brauerei arbeiten, sollten Sie wissen, nach welchem Verfahren Bier hergestellt wird, welche PR-Aktionen die Konkurrenz durchgeführt hat, wie deren Werbekampagne gestrickt ist, welche Biersorten und -marken es auf dem Markt gibt etc. Schauen Sie auch über den Tellerrand Ihres Kunden oder Unternehmens: Lesen Sie viel, sehen Sie regelmäßig Nachrichten, informieren Sie sich im Internet, in Chats, →Weblogs, einschlägigen PR-Branchendiensten, auf Events. Was gibt es Neues? Kann ich diese Entwicklungen kreativ mit meinem Konzept verknüpfen? Verschlafen Sie keine Trends, aber sehen Sie sich auch nicht gezwungen, jedem Hype hinterherzurennen.

2.9   Schritt 9: Zeit- und Kostenplan festlegen

Zimmern Sie einen handfesten Rahmen um Ihr Konzept: Wann und in welcher Reihenfolge sollen welche Maßnahmen implementiert werden, was werden diese kosten? Das schafft Transparenz und erhöht Ihre Glaubwürdigkeit.

Den *Zeitplan* bringen Sie in Tabellenform, nach Monaten im Jahresverlauf oder nach Phasen Ihrer Kampagne geordnet.

Im *Budgetplan* schlüsseln Sie die Summe nach Honorarkosten (wenn Sie externer Berater sind) und Fremdkosten auf. Oft lässt sich während der Konzeptionsphase der Aufwand einer neuen Maßnahme erst einmal nur abschätzen. Die Erfahrung zeigt aber, dass häufig, z. B. durch vom Kunden gewünschte Modifikationen einzelner Maßnahmen, mehr Zeit und damit mehr Budget als ursprünglich kalkuliert werden muss. Lassen Sie daher einen ausreichenden Spielraum in Ihrem Budget, insbesondere was das Agenturhonorar angeht.

Fremdkosten wie die Raummiete für einen Veranstaltungsort, den Einsatz von Promotionspersonal, den Druck von Broschüren in einer bestimmten Auflage sollten Sie jedes Mal direkt beim jeweiligen Dienstleister erfragen, um keine unliebsamen Überraschungen zu erleben, sprich mit Ihrer Kalkulation daneben zu liegen. Bei größeren Kostenfaktoren wie z. B. dem Catering für eine Pressekonferenz lohnt ein Vergleich zwischen mehreren Anbietern.

Praxistipp! Präsentationstechnik

Üblich sind Präsentationen von PR-Konzepten in Powerpoint-Form, wobei Sie nach Bedarf weiteres Anschauungsmaterial hinzuziehen können (Dummies, Pappen, Verlinkung zu Homepages usw.). Nur bitte keine Materialschlacht! Powerpoint hat den Vorteil, dass Excel-Tabellen, Grafiken, Fotos, Screenshots u. v. m., das Ihre Kampagne unterstützt und erklärt, ohne großen Aufwand eingebunden werden kann. Hier einige Hinweise für Ihre Konzeption in Powerpoint:

... bei der Erstellung:

- Überfrachten Sie die Charts nicht mit einer „Bleiwüste", einer zu kleinen Schrift usw. Das ist nicht lese- und präsentationsfreundlich. Strukturieren Sie das Geschriebene durch Absätze, Pfeile, Bulletpoints, Gedankenstriche. Sie wollen Ihrem Publikum etwas erzählen und nicht Wort für Wort vorlesen. Eine knackige PR-Botschaft oder ein Foto, auf einer einzigen Seite platziert, ist ungleich wirkungsvoller. Orientieren Sie sich dabei auch an Werbekonzepten, die größtenteils das „Weniger ist mehr"-Prinzip bevorzugen.

- Kommen Sie am Ende jeder Seite zum Punkt oder fassen Sie das zuvor Beschriebene in einem Satz zusammen.

▪ Versuchen Sie, nicht zu viele Charts zu schreiben. Fragen Sie sich, ob nicht eine Skizzierung von Maßnahmenansätzen genügt, die Sie mündlich genauer erläutern oder im Dialog mit Ihrem Auftraggeber weiter entwickeln. Auch eine PR-Jahrespräsentation braucht 30 Charts nicht überschreiten.

▪ Entscheiden Sie sich für die passende Tonalität und Dramaturgie. Wollen Sie eine Geschichte erzählen, in die Konzeption szenisch einsteigen ("Tom und Paula wollen am liebsten jeden Tag Spaghetti essen. In der Schule haben sie gehört...") oder genügen Stichworte und Halbsätze? Das hängt vom Thema ab. Ein PR-Konzept für ein junges Lifestyleprodukt darf einen unkonventionell-lockeren Ton haben, ein seriöses Kreditinstitut verschrecken Sie ggf. mit dieser Herangehensweise. Versuchen Sie, sich vorher ein Bild von der Unternehmenskultur zu machen.

▪ Lockern Sie insbesondere Ihre Maßnahmenideen durch Visualisierung auf, um der Fantasie Ihres Publikums auf die Sprünge zu helfen: Nennen Sie z. B. nicht einfach den Titel einer Zeitschrift, für die Sie sich die Maßnahme ausgedacht haben, sondern zeigen Sie deren Cover oder Logo. Beschreiben Sie Ihre Zielgruppe nicht nur, sondern präsentieren sie durch ein (fingiertes) Beispielfoto: "Das ist Susanne, 33, Grafikdesignerin und Mutter eines Sohnes. Sie findet sich eigentlich noch zu jung für Anti-Aging-Produkte. Trotzdem interessiert sie sich für..." Wohin geht sie aus? Was liest sie? Spinnen Sie eine durch Fakten (z. B. Studien) unterlegte story. Eine Fülle von Fotos im jpeg-Format finden Sie per Schlagwortsuche in großen Online-Datenbanken wie zefa.de oder gettyimages. Auch, wenn Sie eine bestimmte →Location vorschlagen, recherchieren Sie Fotos oder Illustrationen dazu auf deren Homepage, falls vorhanden und fügen diese per „drag & drop" in das Chart ein. ACHTUNG: Wenn Sie Fotos von solchen Bildagenturen später offiziell, d. h. zu kommerziellen Zwecken nutzen wollen, müssen Sie die Rechte einkaufen!

▪ Arbeiten Sie entweder im →Corporate Design Ihrer Agentur oder des Kunden/Unternehmens (letzteres nur, wenn Sie dieses genau kennen).

... bei der Präsentation Ihres Konzepts:

▪ Checken Sie vorher ab – insbesondere, wenn Sie nicht im eigenen Hause präsentieren – welche Technik vorhanden ist (z. B. Beamer) oder ob Sie solche Dinge mitbringen müssen. Sonst stehen Sie mit einer schönen CD-ROM mit Ihrer Präsentation da, können diese jedoch nicht zeigen. Erscheinen Sie außerdem frühzeitig, so dass Sie mit dem ganzen Equipment einen Testlauf machen können. Das macht Sie später sicherer.

- Bringen Sie eine ausreichende Anzahl ausgedruckter Präsentationen mit, die Sie jedoch erst hinterher aushändigen, damit Ihre Zuhörer während der Präsentation nicht darin herumblättern und somit Ihrem Vortrag vorgreifen können. Sie sollen die Chance bekommen, Ihr Konzept von A bis Z vorzustellen.

- Wenn Ihre Präsentation auf CD-ROM angefordert wird, wandeln Sie diese in ein PDF-Format um, das nicht durch Dritte verändert werden kann. Ein von Ihnen entwickeltes Konzept ist Ihr geistiges Eigentum!

- Stehen Sie während der Präsentation, jedoch nicht mit dem Rücken zu Ihrem Publikum – halten Sie sich an die Faustformel „touch, turn, talk": Auf den Punkt deuten, bei dem Sie gerade sind, sich den Zuhörern zuwenden und erst dann erzählen.

- Klären Sie vorher, ob Sie Fragen am Ende oder zwischendurch beantworten wollen. So entsteht keine Unruhe und Sie verlieren nicht mittendrin den Faden, weil eine Diskussion entsteht.

3. Die Pressearbeit als Basis erfolgreicher Public Relations

Ein guter PR-Profi muss seine Arbeit immer durch die Brille des Redakteurs sehen können. Er weiß, wie Journalisten arbeiten, welche Informationen sie wann auf welche Weise bekommen möchten. Kurz, er ist, z. B. beim Verfassen einer Presseinformation, immer selbst journalistisch tätig – mit dem gravierenden Unterschied, dass er nicht neutral, sondern aus der Sicht seines Unternehmens oder Kunden schreibt. Die Medien sind die Hauptzielgruppe, in diesen möchten Sie Ihre Unternehmensmeldungen oder Produktneuheiten wieder finden, denn das macht den wesentlichen, den mess- und sichtbaren Erfolg Ihrer PR-Arbeit aus.

3.1 Wie Journalisten arbeiten

Das Bild des „rasenden Reporters", der immer nah dran am Zeitgeschehen ist und als Einzelkämpfer arbeitet, ist nicht stimmig, obwohl es solche berühmten sicher gab (wie der 1948 verstorbene Egon Erwin Kisch, der den Begriff prägte). Ebenso wenig decken sie täglich Skandale von *Watergate*-Ausmaßen auf wie in den 70er Jahren des letzten Jahrhunderts die Redakteure Bob Woodward und Carl Bernstein von der *Washington Post* (verewigt 1976 im immer noch sehenswerten US-Film „All the President's Men", d.: „Die Unbestechlichen"). Aber eine Eigenschaft besitzen die allermeisten Journalisten: *Neugierde*. Ohne journalistische Neugierde keine Recherche, kein Dranbleiben an einer spannenden *story*, kein Interesse an einer Firma, einer Person, einem Produkt.

Was jedoch zum Thema, zur Nachricht wird, kann ein Redakteur allein nicht entscheiden – auch ein freier Journalist muss sich Themen wählen, die an die Redaktionen zu verkaufen sind, die ankommen.

In der Redaktion eines Mediums steht wiederum der *Chefredakteur* in der Hierarchie ganz oben, er ist zumeist verantwortlich für den Inhalt (gekennzeichnet durch das Kürzel „V.i.S.d.P." hinter seinem Namen im Impressum = „Verantwortlich im Sinne des Presserechts"), die Budgetierung und die strategische Konzeption des Titels, wenn es sich um ein Printmedium handelt. Darunter kommt der *stellvertretende Chefredakteur*. Senden Sie Ihre Presseinfos jedoch niemals an den Chefredakteur, der weder die Zeit noch das Interesse hat, sich mit den Tausenden von Presseinformationen täglich zu befassen (siehe auch Kapitel 3.5 *Der Presseversand*), sondern an die Ansprechpartner der einzelnen *Ressorts*, die für Ihre Meldungen in Frage kommen. Ressorts sind die „thematischen Abteilungen" einer Redaktion: Politik, Wirtschaft, Lokales, Feuilleton, Finanzen, Vermischtes, Sport usw. Für jedes Ressort gibt es einen *Ressortleiter* und je nach Größe der Redaktion mehrere Redakteure.

Der Chef vom Dienst (CvD) als Bindeglied zwischen Redaktion und Produktion wiederum koordiniert das gesamte Heft und ist für die Heftstruktur und die pünktliche Lieferung der fertigen Publikation verantwortlich; manchmal ist er zugleich stellvertretender Chefredakteur. Mit dem CvD werden Sie in der PR-Arbeit kaum Kontakt haben.

In jeder Redaktion gibt es die *Redaktionsassistenz*, die Termine koordiniert, Korrespondenz führt und zumeist auch die Post mit den Pressemitteilungen sortiert. Auf diesem Schreibtisch werden also später die meisten Ihrer Meldungen landen. Die Redaktionsassistenz nimmt auch die Anrufe für die einzelnen Redakteure entgegen, wenn diese nicht gestört werden wollen, da sie z. B. gerade einen Artikel schreiben.

Beachten Sie, dass Journalisten eigentlich ständig unter großem *Zeitdruck* stehen; der Redaktionsschluss naht, es müssen noch letzte Details für den Artikel oder den Beitrag recherchiert werden etc. Das bedeutet einerseits, dass sie Informationen, die ihnen vielleicht für einen Artikel noch fehlen, in der Regel sofort benötigen. Einen Journalisten, der eine dringende Frage hat, nicht zurückzurufen, ist eine PR-Todsünde! Andererseits heißt dies auch, dass Sie als PR-Schaffender die Redakteure mit Ihrer Kontaktaufnahme eigentlich permanent in ihrem Tun (dem Recherchieren oder Schreiben) unterbrechen und damit stören. Wenn Sie bedenken, dass Sie nicht der einzige „Störenfried" am Tag sind, wird verständlich, dass die meisten Pressevertreter eher unwirsch bis abweisend reagieren und sehr genervt sind, wenn man ihnen vermeintlich „ganz wichtige, interessante" Neuigkeiten verkaufen möchte. Ich habe festgestellt, dass ein schlechtes Verhältnis zwischen PR-Manager und Journalist zumeist auf eben dieser Unkenntnis der Arbeitsweise einer Redaktion beruht.

Praxistipp!

Sammeln Sie früh journalistische Erfahrung! Fast jede Stadt hat ein Lokalblatt oder einen Lokalsender (TV und Radio), versuchen Sie dort ein Praktikum zu machen, schnuppern Sie in den Redaktionsalltag hinein. In diesem Mikrokosmos lernen Sie, wie ein Medium funktioniert, wer dort welche Aufgaben hat, wann welches Produktionsstadium fertig sein muss etc. Größere Medien haben vielleicht mehr Redaktionen, mehr Personal, längere Produktionsvorläufe, aber das Prinzip ist gleich. Und: schreiben Sie, und wenn es nur über die Diamantene Hochzeit eines Rentnerehepaares, den örtlichen Sportwettbewerb oder eine entlaufene Perserkatze ist. Sie lernen, wie man einen Artikel journalistisch aufbereitet. Was ist wichtig, was kann ich weglassen, welches Wort passt hier am besten, wie bringe ich meine Leser zum Schmunzeln, zum Nachdenken und so weiter.

Die Themen werden in der täglichen *Redaktionskonferenz* festgelegt, an der alle Redakteure unter Leitung des Chefredakteurs teilnehmen. Hier wird entschieden, wer auf welches Thema „angesetzt" wird und andere wichtige Eckpunkte. Dann beginnt die Recherchephase und, meist kurz vor knapp, das Fertig stellen des Artikels bzw. Produzieren des Beitrags beim Hörfunk oder TV.

Es ist nicht ungewöhnlich, dass manche Journalisten in Zeiten magerer Gehälter „die Seiten wechseln" und Pressesprecher eines Unternehmens oder reiner PR-Journalist werden, den umgekehrten Fall – ein PR-ler wird Redakteur – gibt es auch, jedoch seltener. Das liegt vor allem daran, dass es zumindest in Deutschland, einem Land mit einer vielfältigen Presselandschaft, trotz der gesetzlich nicht geschützten Bezeichnung „Journalist" eine geregelte Ausbildung gibt und ein Journalist nicht umhin kommt, eine Journalistenschule, Praktika oder Volontariate in der Presse, beim Hörfunk oder, seltener, bei TV-Sendern zu durchlaufen. Begabung für das Schreiben und ein gutes Stilempfinden gehören natürlich dazu. Daraus resultiert eine Vielzahl exzellenter Journalisten, die die Fahne der Pressefreiheit hoch halten und sich eine unverwechselbare „Schreibe" sowie eine gewisse Unabhängigkeit bewahren konnten. Das und ihre langjährige Erfahrung, ihre guten Kontakte zu ehemaligen Kollegen macht sie auch begehrt als Pressereferent oder -sprecher. Und sie wissen, wie man mit der Presse umgeht.

Praxistipp! Umgang mit der Presse

▪ *Respektieren Sie stets die journalistische Unabhängigkeit.* Verkaufen Sie nicht, drängen Sie sich und Ihr PR-Thema nicht auf, sprechen Sie keine Werbersprache, reden Sie nicht um den heißen Brei.

▪ *Behandeln Sie stets alle Medien gleich,* nicht nach dem Motto „die kleine Lokalzeitung oder der freie Redakteur sind unwichtiger als das Nachrichtenmagazin" – das spricht sich unter Journalisten schnell herum!

▪ *Antworten Sie zügig auf Anfragen.* Wenn ein Journalist sich für Ihr Unternehmen oder Produkt interessiert, ist das Ihre Chance auf einen Abdruck oder einen Sendebeitrag und damit gute PR. Beantworten Sie die Anfragen also schnell, unkompliziert und freundlich. Aber vor allem: schnell. Wenn ein Redakteur Ihre Information bis 16 Uhr benötigt, dann meint er auch 16 Uhr und nicht später. Lassen Sie zuviel Zeit verstreichen, haben Sie Ihre Chance verspielt – und einen Journalisten verärgert, der sich nicht ernst genommen fühlt.

▪ *Seien Sie kompetent.* Wer erst lange herumstottert, weil er seine Unternehmenskennzahlen nicht kennt, wer zu seiner eigenen Branche überhaupt keine Einschätzung geben kann und kaum einen sinnvollen Satz zusammen bekommt, der wird seinerseits von der Presse nicht ernst genommen und kaum je wieder befragt. Seien Sie immer auf Anfragen vorbereitet und haben die wichtigsten Fakten im Kopf. Oder drucken Sie sich Ihre letzten Pressemeldungen aus und legen diese neben das Telefon.

3.2   Die Presseinformation oder Wie sag ich's am besten?

3.2.1   Wonach Medien auswählen

Zwei abschreckende Fakten: Für die Entscheidung, ob sie eine Pressemeldung veröffentlichen oder nicht, nehmen sich Journalisten beim Sichten der Eingangspost im Schnitt ganze 12 Sekunden Zeit. Nur 12 Sekunden, um Schlagzeile, Foto und ersten Satz zu erfassen – wenn diese drei Faktoren ihn nicht überzeugen, wandert die Meldung gleich in den Papierkorb.[9] Über die Hälfte (!) der eingesandten Pressemitteilungen landet dort sowieso.[10]

Niemand kann es sich leisten, an den Ansprüchen der Medien vorbei zu schreiben. Journalisten sind so genannte *Gatekeeper:* sie haben eine Auswahlfunktion, indem sie entscheiden, welche Informationen durch das redaktionelle Netz zurückgehalten und welche durchgelassen werden, worüber die Öffentlichkeit also informiert wird. Wie wir schon am Anfang des Buches gesehen haben, reagieren die allermeisten Journalisten allergisch, wenn eine Pressemeldung zu offensichtlich den Anschein erweckt, als solle damit etwas verkauft werden. Oder wenn am Telefon nachgefasst wird, ob die Meldung denn auch auf dem Schreibtisch des Redakteurs gelandet ist. Manch ein Redakteur argwöhnt bereits, dass der gesamte Journalismus durch versteckte PR „unterwandert" wird.[11]

Warum das Verhältnis zwischen PR-Schaffenden und Presse nicht immer das beste ist, erklären ein paar Zahlen: PR-Fachleute pflegen nur höchstens 20 ihrer Journalistenkontakte intensiv, mehr als ¾ der Pressestellen geben an, zu weniger als 20 Journalisten einen persönlichen Kontakt zu haben.[12] Diese scheinen dafür aber intensiv zu sein: Über ⅔, nämlich 25 Prozent der Pressesprecher pflegen eine „sehr intensive Zusammenarbeit mit Journalisten, z. B. häufige persönliche Kontakte", wie eine Umfrage unter 672 Pressesprechern des *Bundesverbands deutscher Pressesprecher* (BdP) ergab.[13] Die Frage ist, ob auch die Redakteure diese Zusammenarbeit überhaupt als fruchtbar empfinden bzw. ob mit „intensiv" nicht nur allzu häufiges, unerwünschtes Nachfassen gemeint ist!

Es kann in jedem Fall nur dringend geraten werden, sich Journalistenkontakte frühzeitig aufzubauen, ein regelmäßiges morgendliches →Media Monitoring

---

9   Ergebnis einer Befragung unter 500 Journalisten im Auftrag des Fotolabors Treml; nachzulesen unter www.pr-guide.de, Meldung vom 6. September 2006.

10 Studie „PM 2005" des *Stamm-Verlags* Essen; es wurden 3.000 Redakteure unterschiedlichster Medien befragt.

11 Positionspapier des Vereins Netzwerk Recherche: „Der Einfluss der PR auf journalistische Medien und die Beeinflussung der Berichterstattung durch wirtschaftliche Interessengruppen", gefunden auf www.nachdenkseiten.de: erstellt am 30.07.2005.

12 *PR-Trendmonitor* von *news aktuell* und *Mummert Communications*. Umfrage unter 2.401 Fach- und Führungskräften aus Pressestellen und Agenturen im November 2005.

13 Vgl. Fußnote 5.

zu betreiben und so dahinterzukommen, wie Medien „ticken". Ein Abdruck lässt sich nie genau vorhersagen und ist trotz aller gegenteiligen Behauptungen immer noch schwer zu beeinflussen – Sie bezahlen die Presse nicht dafür! Das Spannende ist und bleibt, was aus Ihrer Meldung gemacht wird. Oftmals wird die Meldung als Aufhänger für eine andere *story* verwendet, beispielsweise um anhand Ihres Produkts einen neuen Trend zu erklären.

Was aber sind überhaupt die Kriterien, nach denen Journalisten auswählen und welche Überlegungen stehen dahinter („Das interessiert meinen Leser, weil …")?

- **Newswert** (das gab es vorher so noch nicht, mal was Anderes)
- **Aktualität** und Brisanz (Anlässe, aktuelle Themen/Zeitgeschehen)
- Starke **Emotion** jedweder Art (Liebe/Hass/Charity/Ungerechtigkeiten … alles, was den Leser rührt, da wir diese Gefühle kennen)
- **Prominenz** (vertraute Gesichter der →Yellow Press, Stars und ihr Schicksal, berühmte →Testimonials)
- **Nahbarkeit** (vor allem bei lokalen und regionalen Medien – alles, was „bei mir um die Ecke passiert")
- **Superlative** (Rekorde werden erstaunlich oft abgedruckt – das größte Passagierschiff der Welt, der kleinste CD-Player, die gigantischste Torte etc.)
- **Fortschritt** (technologische Innovationen, Unternehmensentwicklungen ...)
- **Skurrilität/Originelles** (Nachrichten für „bunte", „vermischte" oder „Panorama"-Seite des Mediums: Umfragen, Wetten, Anekdotisches, Erheiterndes, Einmalig-Bizarres aus aller Welt)

Die Bedeutung dieser Faktoren variiert je nach Medium in ihrer Ausprägung und Häufigkeit. So interessiert die bundesweite Wirtschaftszeitung nicht, wie der Prominente, den Sie als →Testimonial für Ihre Trendbrause verpflichtet haben, den Dreh zum neuen Werbespot beschreibt, wohl aber, ob die Abverkaufszahlen Ihres Produkts nach der Verpflichtung des Promis steigen oder nicht.

Achten Sie also darauf, dass zumindest eines der oben genannten Kriterien in Ihrer Presseinfo enthalten ist. Natürlich lässt sich bei der Fülle der heutigen Nachrichten niemals ein Abdruck garantieren, aber die Wahrscheinlichkeit erhöht sich erheblich.

Immer beliebter wird die Rubrik „Vermischtes". Bei der dpa (*Deutsche Presse-Agentur*) hat diese mittlerweile die zweithöchsten Abdruckraten – nach dem Sport.[14]

3.2.2 Das sollten Sie bei der Erstellung einer Pressemitteilung beachten

PR-Botschaften in Presseinformationen sollen beim Journalisten so gut ankommen, dass er diese auch als redaktionellen Beitrag im Printmedium abdruckt, im TV oder Radio sendet, online stellt.

Jeder Journalist, jedes Medium ist anders und verlangt andere Informationen. Eine Hochglanz-Frauenzeitschrift, ein lokaler Radiosender und eine überregionale Tageszeitung haben verschiedene Zielgruppen und wollen unterschiedlich angesprochen werden. Andererseits kann nicht für jedes Medium ein eigener Text geschrieben werden. Daher ist für die Pressemitteilung der „kleinste gemeinsame Nenner" zu finden, der das Grundbedürfnis an Information abdeckt.

Zwei einfache Regeln für das Schreiben einer Pressemitteilung:

1. Das Wichtigste immer zuerst.
2. In der Kürze liegt die Würze.

Beides hängt eng zusammen. Stellen Sie sich einfach die Zeiten vor, als es in Redaktionen noch keinen Computer gab. Um eine Meldung in den vorgegebenen Satzspiegel einzupassen, kürzte der Redakteur mittels Schere den Text einfach von unten weg, denn die wichtigste Information stand ja weiter oben, idealerweise im ersten Satz. Daran sollten Sie denken, bevor Sie Ihre Pressekontakte mit ellenlangen, ausschweifenden Pressemitteilungen behelligen. Der geschulte Journalist hat übrigens immer noch eine Schere, mit der er binnen Sekunden erkennt, ob die Nachricht für ihn, d.h. sein Medium, interessant sein könnte oder doch in Ablage „P" wandert, und diese virtuelle Schere befindet sich in seinem Kopf. Viele PR-Leute und auch deren Kunden sind manchmal enttäuscht, wenn aus ihrer „schönen", dreiseitigen Pressemitteilung ein Zehnzeiler in der Zeitung übrig bleibt. Ich habe in der Agenturpraxis festgestellt, dass es manchmal etwas mühsam, aber lohnend ist, seinen

---

14 „Gesteuerte Flut", in: *Der Spiegel,* Nr. 40/06, S. 98 f.

Kunden ganz ehrlich und offen klar zu machen, wie die Verhältnismäßigkeit von Abdrucken zu bewerten ist. Manchmal ist der Pressebereich im Unternehmen, zumal bei Konsumprodukten, direkt dem Marketing unterstellt oder nur Teil von diesem, wie wir gesehen haben. Das Verständnis der Presselandschaft kann nicht immer vorausgesetzt werden. Zehn kostenlose Zeilen auf der Trend-Seite eines auflagenstarken Lifestylemagazins wie z. B. *Bunte* sind durch ihre Verbreitung, ihre Glaubwürdigkeit und den Imagegewinn mehr wert als manch ganzseitige teure Anzeige!

Mit ein wenig Fingerspitzengefühl sollte es Ihnen gelingen, Ihren Kunden dafür zu sensibilisieren, wie der Erfolg einer Meldung zu bewerten sein wird. Tun Sie dies aber, *bevor* Sie die Meldung aussenden, am besten schon in den ersten Meetings – so sieht es nicht nach Rechtfertigung oder „Schönreden" aus. Erklären Sie ihm, dass der Journalist alles daran setzen wird, dass eine PR-Information als solche nicht mehr erkennbar ist. Zumindest wird er kürzen, oft den Wortlaut verändern, manches Mal Kritisches hinzufügen – er verkauft schließlich nicht die Unternehmenssicht. Denken Sie immer wieder daran, dass genau dies der fundamentale Unterschied zwischen Werbung und PR ist.

Und auch das gibt es erfreulicherweise: Gut geschriebene Mitteilungen werden sogar manchmal in Auszügen Wort für Wort von der Redaktion übernommen, ob aus Faulheit des Journalisten oder aus Zustimmung, lässt sich freilich oft nicht eindeutig sagen. Wie auch immer, dies ist ein „Ritterschlag" für den PR-Profi.

3.2.2.1 Die Überschrift

Die Überschrift Ihres Pressetextes muss einiges leisten: Sie soll den Journalisten neugierig machen, auf einen Blick über das Thema informieren, sie muss knapp und verständlich formuliert sein. Auch hier ein Tipp: Schreiben Sie diese zum Schluss, oder formulieren Sie sie zumindest erst hinterher aus. Dann haben Sie Ihren Text schon fertig und können oftmals direkt einen Satz daraus nehmen.

Verzichten Sie auf schiere Behauptungen, es sei denn, diese lassen sich einwandfrei beweisen. Wenn Kreuzfahrtschiff XY das weltgrößte gemessen an Passagieren ist, dann schreiben Sie genau das. Wenn es das größte in Bezug auf die Bruttoregistertonnen ist, dann müssen Sie dies auch sagen. Lediglich zu behaupten: „das größte Kreuzfahrtschiff der Welt", reicht nicht aus, wenn der Bezug fehlt – das ist Boulevardstil und eine Zeitung wie *Bild* darf das dann auch vereinfachend schreiben, aber Sie wollen ja nicht nur *Bild* erreichen. Selbstverständlich sollte der Text über Ihr Unternehmen oder Produkt positiv formuliert sein; dem Redakteur ist schon bewusst, dass es sich um PR handelt.

Insbesondere bei emotionalen Wertungen ist der Bezug wichtig. Sagen Sie also auch nicht, dass Ihr Schiff das „schönste" der Weltmeere ist, das fordert den Redakteur unter Umständen heraus, durch Eigenrecherche genau das Gegenteil zu beweisen. Dies ist eine subjektive Empfindung, empirisch nicht nachweisbar und gehört nicht in einen quasi-neutralen Text. Der Journalist ist immer um Glaubwürdigkeit und Neutralität bemüht und wird jede auf PR basierende Information zunächst kritisch hinterfragen – das ist sein Job. Wenn er auf Grund Ihrer Meldung das Schiff selbst besuchen möchte und nach einer exzellenten Führung überzeugt schreibt, es wäre „sicher eines der schönsten weltweit", dann ist dies viel glaubwürdiger und Sie haben einen Pluspunkt kassiert, denn dies ist ja für den Leser eine „neutrale" Meinung. Das ist „PR at its best".

Wenn Sie zu viele Informationen in der Überschrift unterbringen müssen oder sie erklärenswert ist, können Sie – kenntlich gemacht durch eine kleinere Schriftgröße – auch eine Unter-Überschrift setzen, die länger sein darf als die plakative Überschrift.

Zwischenüberschriften lohnen sich wiederum nur bei längeren Texten, insbesondere Fachartikeln. Denken Sie auch hier an Merksatz Nummer 2! Mehr als zwei Seiten Text sollten Sie nicht benötigen, um alle Ihre Informationen unterzubringen. Wenn der Journalist an dem Thema interessiert ist, wird er Sie ohnehin meist persönlich kontaktieren, um mehr zu erfahren.

3.2.2.2 Sprache, Form und Stil

Ich kann es mir als Verantwortlicher für die Mannschaft nicht erlauben, die Dinge subjektiv zu sehen. Grundsätzlich werde ich versuchen zu erkennen, ob die subjektiv geäußerten Meinungen subjektiv sind oder objektiv sind. Wenn sie subjektiv sind, dann werde ich an meinen objektiven festhalten. Wenn sie objektiv sind, werde ich überlegen und vielleicht die objektiven subjektiv geäußerten Meinungen der Spieler mit in meine objektiven einfließen lassen.

(Erich Ribbeck)

Haben Sie verstanden, was der ehemalige Bundestrainer „Sir" Erich Ribbeck da sagen wollte? Könnten Sie es in einem Satz zusammenfassen? Wohl kaum. Die anwesenden Sportreporter werden ebenfalls ein großes Fragezeichen auf ihrer Stirn gehabt haben. Ob in einem Pressetext, während einer Pressekonferenz oder in einem Interview, eine weitere goldene Regel lautet: *Sprechen Sie eine klare Sprache.* Der Journalist freut sich, wenn er Bandwurmsätze und Kauderwelsch nicht erst mühsam für seine Leser in verständliches Deutsch übersetzen muss und der Zitierte nicht Gefahr läuft, auch noch vollkommen falsch verstanden zu werden.

Journalisten sind Profis, was die deutsche Sprache angeht. Sie jonglieren täglich mit diesem Instrumentarium. Es versteht sich daher von selbst, dass Ihre Pressemitteilung in einwandfreiem, stilsicherem Deutsch geschrieben wird. Zwar herrscht durch Rechtschreibreformen und Gegenreformen der letzten Jahre manchmal Unklarheit, Sie sollten sich jedoch in jedem Fall an die neue Rechtschreibregelung halten und diese durchgängig beibehalten. Es ist beklagenswert, wie viele Rechtschreib- und Grammatikfehler sich in Pressemeldungen (und nicht nur dort) tummeln. Eine fehlerhaft geschriebene Presseinformation ist unglaubwürdig, unprofessionell und hat gute Chancen, gleich im Papierkorb der Redaktion zu landen. Was leider nicht selten der Fall ist: Mehr als 60 Prozent der Redakteure beurteilen die *formale* Qualität aller Meldungen als schlecht![15]

---

[15] Ergebnis einer Befragung von 3.000 Redakteuren im Rahmen einer Magisterarbeit, vgl. Artikel „Pressemitteilungen: Unwichtiges wird aufgeblasen, Wichtiges verschwiegen", in: *Pressesprecher,* 01/06, S. 6.

Praxistipp!

Lassen Sie Ihre Texte gemäß „Vier-Augen-Prinzip" stets von einem text-sicheren Kollegen oder besser, einem professionellen Lektor gegenlesen, insbesondere, wenn es sich um für Ihr Unternehmen oder Produkt entscheidende Meldungen handelt. Zahlen müssen Sie besonders aufmerksam gegenchecken. Das gilt übrigens für alle Printerzeugnisse, die Ihr Unternehmen oder die Agentur verlassen, von der Produktbroschüre, der Mitarbeiterzeitung über die Einladung zur Pressekonferenz bis hin zur Bildunterschrift. Egal, wie eilig die Meldung versandt werden muss: Bewahren Sie Ruhe, konzentrieren Sie sich nochmals und nehmen Sie sich die erforderliche Zeit für einen letzten Check.

Vermeiden Sie in Ihrer Mitteilung komplizierte Schachtelsätze, Fachchinesisch (notfalls erstellen Sie eben zwei Texte, einen für die Fachpresse, der man die Fachausdrücke nicht erläutern muss und darf, da vorauszusetzen, und einen für die Publikumspresse) und Wiederholungen. Verzichten Sie, ob beim Texten oder mündlich in Interviews, auf abgegriffene Formulierungen und müde oder durcheinander geworfene Metaphern (à la „Ich habe nur immer meinen Finger in Wunden gelegt, die sonst unter den Tisch gekehrt worden wären" – Paul Breitner).

Fassen Sie sich kurz, kommen Sie zügig auf den Punkt (denken Sie an die 12 Sekunden!) und verlieren Sie nie die über Ihrem Text schwebenden K.o.-Fragen aus den Augen, die sich der Redakteur bei jedem Satz stellen wird: Warum soll ausgerechnet *das* mich und meine Leser interessieren? Was ist das Besondere an dieser Nachricht? Wie lässt sie sich in einem Satz zusammenfassen? Gerade zum richtigen Umgang mit unserer Sprache gibt es sehr gute Ratgeber. Empfehlungen sind im Anhang unter „Literatur" aufgeführt.

Die Meldung soll klar gegliedert sein in Überschrift, ggf. Subline (Unterüberschrift), Einleitung (kenntlich gemacht z. B. durch **Fettschrift**) und Textkörper. Hier können Sie gern mit Absätzen arbeiten, was die Lesbarkeit erhöht.

Verwenden Sie eine gängige Schrift, idealerweise immer die gleiche, die dem →Corporate Design Ihres Unternehmens entspricht, ansonsten *Arial, Times* oder *Courier*, keinesfalls eine verspielt-verschnörkelte und damit schwer entzifferbare. Wählen Sie eine nicht zu kleine Schriftgröße (ideal sind 10-12 pt, für Überschriften 16-18 pt). Ein Zeilenabstand von 1,5 Zeilen ist übersichtlich und lesefreundlich. Blocksatz oder Flattersatz – das ist Geschmackssache, wobei der Blocksatz behäbig und unflexibel wirken kann, was sich nicht auf den Eindruck des Inhalts übertragen sollte.

Journalisten betonen immer wieder, dass viele Pressemeldungen schlicht zu lang sind und sie allerspätestens nach ein, zwei Seiten frustriert aufgeben, wenn sich dann immer noch nicht die eigentliche Aussage, die *Relevanz*, entdecken lässt. Am liebsten ist ihnen eine Presseinformation, die auf eine Seite passt. Dies sollte auch Ihr Ziel sein, in jedem Fall beachten Sie jedoch die Zwei-Seiten-Empfehlung.

Zum Schluss können Sie noch einen *Standard-Abbinder* mit Informationen über Ihr Unternehmen (nicht mehr als zehn Zeilen) sowie für den Journalisten nützliche Links zu Ihrer Homepage oder dem Bildarchiv mit Pressebildern zum Download einfügen.

Nicht vergessen:

Unbedingt erforderlich, ganz am Ende der Meldung, sind Ihre *Kontaktdaten*, falls der Redakteur Rückfragen zu Ihrer Presseinformation hat, denn er benötigt in der Regel eine schnelle Antwort, wenn er den Artikel noch rechtzeitig ins Blatt bekommen will. Daher sollten Sie Ihren vollständigen Namen, Ihren Titel im Unternehmen sowie Ihre Telefondurchwahl, Faxnummer und E-Mailadresse angeben. Idealerweise steht darunter noch die Kontaktdaten eines Kollegen oder Stellvertreters, sollten Sie einmal nicht zu erreichen sein. Insbesondere bei exklusiven oder brisanten Meldungen sollten Sie auch Ihre Handynummer angeben; zumindest sollte sie im Unternehmen bekannt sein, damit man diese dem wartenden Redakteur umgehend mitteilen kann.

3.3 Seeing is believing: Das überzeugende PR-Foto

Die Bedeutung eines guten PR-Fotos ist nicht zu unterschätzen! Man muss keine Untersuchung der Augenbewegungen beim Lesen durchführen (solche Tests gibt es), sondern kann diese einfach selbst machen: Der Blick wandert bei der Lektüre einer Zeitungsseite in der Regel zuerst zum Foto und seiner Bildunterschrift. Fotos können sogar die Wahrscheinlichkeit eines Abdrucks erhöhen[16]. Dazu passt ein Trend im hart umkämpften Zeitungs- und Zeitschriftenmarkt: Immer mehr Publikationen sind dazu übergegangen, ihr Lay-

---

16 Weiteres Ergebnis der in Anm. 9 zitierten Befragung.

out bunter und gefälliger zu gestalten. Zusätzlich sind neue Kompaktformate etablierter Zeitungen auf den Markt gekommen. Ein Beispiel aus jüngerer Zeit: Der Ableger der Tageszeitung *Die Welt* heißt *Welt Kompakt* und erscheint wie die große Schwesterzeitung täglich, jedoch im handlicheren →Tabloid-Format. Die Texte sind kürzer und es gibt mehr Abbildungen als in einem traditionellen Zeitungslayout.

Besonders Zeitschriften sowie der gesamte Boulevardjournalismus leben vom Foto. Andererseits buhlen viele Presse- oder Agenturmeldungen um die Gunst der Redakteure und es ist wenig Platz vorhanden, so dass an Fotos gespart wird – denn es ersetzt je nach Größe eine halbe Spalte oder 300 bis 3.000 Wörter.

In dem Dilemma: Fotos als Kaufanreiz der Publikation „ja", doch wegen Platzmangels eher „nein", befindet sich insbesondere der Tageszeitungsjournalismus. Es gibt auch Tageszeitungen, die traditionell gar kein Foto auf der Titelseite haben wie die *FAZ*, doch das wird seltener.

Konkurrenz belebt das Geschäft: Als im Sommer 1993 der *FOCUS* erstmals erschien, um dem *SPIEGEL* als zweites wöchentliches Nachrichtenmagazin den Kampf anzusagen, revolutionierte er mit seinen vielen Bildern, Tortendiagrammen und Infografiken den „seriösen" deutschen Magazinjournalismus, der bis dato durch lange Textkolonnen und sparsam eingesetzte Schwarzweißbilder gekennzeichnet war. Die Abverkaufszahlen gaben dem *FOCUS* (zunächst) Recht, der SPIEGEL beugte sich dem neuen Layouttrend zumindest teilweise und wurde ebenfalls bunter.

3.3.1 Wann lohnt sich der Einsatz eines Pressefotos?

Bilder können die Wirkung eines Pressetextes verstärken, sie können diesen erklären, sie lösen im besten Fall positive Gefühle aus. Sie ersetzen den Text jedoch nicht. Wie bei jeder Regel gibt es Ausnahmen: Manchmal sagt ein starkes PR-Foto schon alles aus, die knappe, erläuternde BU (Bilduntersschrift) muss nur noch den Rest besorgen. Auf die Idee kommt es an. Ähnlich wie eine gute Pressemitteilung, doch noch schneller, muss ein gutes Pressebild dem Journalisten „erzählen", worum es geht. Vor allem nach →Guerilla-Marketingaktionen, die meist nur kurz währen und, außer im Internet, räumlich eingeschränkt ablaufen, lohnt sich später der Aussand eines PR-Fotos, da diese Aktionen im Idealfall äußerst bildstark sind.

Praxisbeispiel

Die Werbeagentur Springer & Jacoby warb in Hamburg mit dem Bild eines Meteoriten, der offenbar auf ein mitten in der City geparktes Auto eingeschlagen war. Das Dach des Sportwagens war unter der Last des Felsbrockens vollkommen eingedrückt. Das Bild fand sich in zahlreichen Zeitungen wieder, da es viele Emotionen auslöste: Angst vor dem unberechenbaren Einschlag eines Meteoriten und damit die Furcht vor dem „Fremden"; die allzu menschliche Neugierde („Was ist denn da bloß passiert?") und natürlich auch Schadenfreude – „Guck mal, der teure Wagen ruiniert! Was wohl der Benutzer dazu sagt, wenn er das sieht?"

Die Auflösung des Rätsels fand sich in der Bildzeile: Mit dieser →Guerilla-Aktion wollte die Agentur für das frisch renovierte Hamburger Planetarium aufmerksam machen, dessen Image vorher ein wenig angestaubt war. Berechnung aufgegangen, das Planetarium war durch eine originelle Bildidee in aller Munde.

Fotonachweis: Gerrit Henschel
Der vermeintliche Meteorit im Auto: Guerilla-PR-Aktion für das Hamburger Planetarium ...

Fotonachweis: Gerrit Henschel
... und die darauf folgende Medienberichterstattung, November 2004.

Journalisten beklagen, dass es zu wenig gute Pressebilder gibt, die einen Abdruck im redaktionellen Teil ihrer Publikation wert sind. Zwar haben die
meisten Unternehmen mittlerweile auf ihrer Internetseite ein Bildarchiv,
doch ist die Motivauswahl oft zu klein, zu werblich, von ungenügender Qualität oder veraltet. Dabei ist es im digitalen Zeitalter nicht schwierig, ein gutes Online-Bildarchiv anzulegen und zu pflegen. Nutzen Sie diese Chance –
Sie bekommen dadurch einen entscheidenden Wettbewerbsvorteil, denn
auch, wenn es im Artikel z. B. um mehrere ähnliche Produkte geht, wird zur
Illustration zumeist nur ein Foto als *pars pro toto* abgedruckt – lassen Sie es
Ihres sein, natürlich mit dem gut erkennbaren Markennamen. Wir sind überall von Marken umgeben, und auch seriöse Zeitungen verwenden bedenken-
los Bilder mit erkennbarem Markennamen – vor allem aus einem Grund: PR-
Fotos haben den entscheidenden Vorteil, dass ihr Abdruck honorarfrei ist,
was ihre Verwendung für die kostenbewussten Redaktionen attraktiv macht,
da sie diese nicht teuer bei Bildagenturen einkaufen müssen. Im Zweifel ist
es einem Bildredakteur egal, woher das Foto stammt: Wichtig ist, dass es
aussagekräftig und qualitativ hochwertig ist und zur Bildsprache seines Mediums passt.

3.3.2   Wie man gute Pressefotos bekommt

Im Gegensatz zum journalistischen Foto, dem es in der Regel um die „unge-
schönte" Darstellung der Wirklichkeit geht, will das PR-Bild natürlich das
Unternehmen, Produkt, Event, die Person etc. im besten Licht zeigen, wenn
auch u. U. subtiler als ein Anzeigenmotiv. Die Kunst eines guten PR-Fotos
ist, dass es quasi-neutral und zudem wie eine Momentaufnahme wirkt, während in Wahrheit viel Vorbereitung dahinter steckt.

Das sollten Sie beachten, damit Aufwand und Kosten für PR-Fotos lohnend
investiert sind:

- Geeignete Anlässe für ein gutes Motiv finden: zum Beispiel eine Pressekonferenz oder ein PR-Event.

- Lassen Sie PR-Bilder immer von einem Profi anfertigen! Das gilt für Porträts ebenso wie für Produktfotos oder Aufnahmen bei Events. Der
Schnappschuss eines Kollegen erfüllt nur selten die qualitativen Anforderungen an ein Pressebild. Gibt es keine andere Möglichkeit, an ein Bild zu
kommen, empfiehlt sich eine digitale Nachbearbeitung durch den Fotografen

oder eine Grafikagentur. Lassen Sie aber nur so viel wie nötig und so wenig wie möglich bearbeiten, damit das Foto nicht völlig unrealistisch und werblich wirkt.

- Eine gute Gelegenheit, professionelle Produktfotos zu erhalten, ist das Shooting für die Werbekampagne, an die Sie sich nach Absprache „dranhängen", da das PR-Bild zum „Look & Feel" – Farbgebung, Atmosphäre, Präsentation – der Marketingidee passen soll. Außerdem spart dies Kosten, da der Fotograf, das Studio, die Models bereits gebucht sind.

- Lassen Sie bei Produkten immer ein bis zwei „atmosphärische" Motive fotografieren, die es in der konkreten Gebrauchssituation zeigen, z. B. das Sahneprodukt beim Einrühren in die Sauce – diese Bilder sind, wenn das Branding nicht allzu auffällig ist, bei Zeitschriften beliebt als quasi-neutrale Gratis-Illustration auf einer Rezeptseite. Wer genau hinsieht, erkennt das subtil, aber wirkungsvoll platzierte Logo oder die unverwechselbare Form Ihres Produkts.

- Sehr wichtig ist für die Zielmedien immer auch ein so genannter „Freisteller", auf dem außer dem Produkt nur ein neutraler, einfarbiger Studiohintergrund zu sehen ist. Die Presse benötigt diese Bilder, da viele Produkte aus Platzmangel freigestellt, sprich ausgeschnitten werden. Denken Sie also daran, das Produkt auch allein und in seiner ganzen Größe zu fotografieren. Bei mehreren Produkten, z. B. neuen Getränkesorten, wählen Sie ein oder zwei Freisteller ausgewählter Sorten sowie ein Foto der gesamten Produktpalette.

- Produkte sind schnelllebig – achten Sie darauf, dass wenigstens die Dekoration oder Models eher klassisch-zurückhaltend gestylt sind, sonst können Sie die Fotos nach kurzer Zeit nicht mehr anbieten, da „out".

- Personen lassen sich am unkompliziertesten bei einer einzigen Gelegenheit zusammen und einzeln fotografieren, z. B. vor einer Vorstandssitzung, Pressekonferenz oder auf einer Fachmesse an Ihrem Stand – dort haben Sie dann auch gleich das richtige Hintergrund-Branding vor einer Messestellwand oder einem Ausstellungsstück Ihres Unternehmens. Achten Sie darauf, dass die Personen auch etwas machen, was sie dynamisch und interessant aussehen lässt: etwas unterschreiben, sich miteinander oder mit einem unsichtbaren Gegenüber unterhalten beispielsweise. Die Bilder lassen sich dann auch für Broschüren oder den Geschäftsbericht nutzen. Lassen Sie möglichst jedes Jahr neue Fotos anfertigen, bei optisch auffälligen Veränderungen noch öfter.

- In Ihrem Bildarchiv im Internet bieten Sie Fotos in zwei Auflösungen an: In einer niedrigen, wenn das Foto lediglich zur Ansicht per Mail versandt wird und in einer hohen, damit es der Redakteur gleich in druckfähiger Auflösung herunterladen kann. Druckfähige jpeg-Pressefotos müssen eine Auflösung von mindestens 300dpi haben.

- Bieten Sie Ihre Pressebilder sowohl im Hoch- als auch Querformat an, manchmal entscheidet lediglich das Format über einen Abdruck!

- Fotos für die Pressemappe: auf CD-ROM oder als Printfoto? Das ist Geschmackssache. Bedenken Sie aber, dass mittlerweile fast 90% aller Redaktionen digitale Bilder bevorzugen, die problemlos in das Redaktionssystem eingepflegt werden können. Ausgedruckte Hochglanzbilder können in einer Pressemappe jedoch durchaus als Appetizer dienen, vor allem im hochwertigen Lifestylebereich. Das Idealmaß für ein Pressefoto ist das Format zwischen 13x18 und 21x29,7 Zentimeter.

- Im Zweifel machen Sie ein bis zwei ansprechende Prints plus CD-ROM. Für Messen oder zu einer Pressekonferenz können Sie auch Fotos als Postkarten drucken lassen, die Motive sollten dann besonders originell (z. B. mit einem Spruch versehen) oder ästhetisch sein. Die Postkarten werden dann zum schönen Give-away.

- Auch neben oder unter Ihr Pressebild im Internet gehören eine kurze Bildunterschrift und der Copyrightvermerk. Die Rechte sollten nicht bei Ihrem Fotografen, sondern bei Ihrem Unternehmen liegen, damit Sie diese Fotos uneingeschränkt nutzen und weitergeben können. Für die Presse ist der Abdruck selbstverständlich honorarfrei.

3.3.3   Die Bildunterschrift (BU)

Damit Ihr Bild nicht untergeht, jeder Journalist sofort sieht, wer oder was darauf abgebildet ist und sich das Motiv im Datenbanksystem der Redaktion nach Schlagworten auch recherchieren lässt, müssen Sie einen so genannten →*Waschzettel* mit Informationen hinzufügen. Bei den analogen Bildern in früheren Zeiten klebte dieser auf der Bildrückseite, bei den digitalen Fotos heutzutage gibt es die Möglichkeit, diese neben oder unter das digitale Foto bzw. als Dateiinfo in das jpeg-Format zu schreiben.

Die BU erklärt alles, was auf dem Bild nicht selbsterklärend ist:

▪ Bei mehreren Personen: Wer ist wo zu sehen (z. B. von links nach rechts)? Meist hilft auch ein Attribut bei der Identifizierung: „Vorstandschef Müller (mit rot gesteifter Krawatte) erläutert die Jahreszahlen…". Die Positionsbestimmung gilt natürlich nicht für Personen der Zeitgeschichte, deren Kenntnis bei einem Journalisten vorausgesetzt werden kann – also niemals „Bundeskanzlerin Merkel (rechts)" schreiben, das ist lächerlich.

▪ Auch müssen Sie etwas, das man auf dem Bild nicht sehen kann, aber wichtig für dessen Verständnis ist, hinzufügen, wie Orts- oder Zeitbestimmungen: „Anlässlich der Präsentation der Jahresergebnisse der Müller AG am 10. April 2006 in der Hamburger Unternehmenszentrale…"

▪ Der Unternehmens-, Personen- oder Produktname muss gut lesbar sein und zweifelsfrei zugeordnet werden können.

▪ Ebenso wie ein Pressetext sollte auch eine BU um Neutralität bemüht sein, sie ist kein Werbetext. Nicht „Das leckerste Getränk der Saison, hier in der Sorte Pfirsich/Maracuja, kommt aus dem Hause Meier", sondern „Die neueste Geschmacksvariation der Meier-Limonade heißt Pfirsich-Maracuja". Beurteilen Sie auch nicht den Gesichtsausdruck abgebildeter Personen: „Gut gelaunt überreicht Dr. Claus Schultz (rechts) den Spendenscheck an …". Das wirkt unseriös, wenn überhaupt, dann wertet der Journalist. Besser neutral: „Dr. Claus Schultz (rechts) überreicht…"

▪ Bei Produkten: Schreiben Sie immer, ab wann es erhältlich ist und wie hoch der Endverbraucherpreis (EVP) sein wird. Journalisten benötigen solche Basisinformationen für ihre Leser.

▪ Wiederholen Sie in der BU nicht einfach einzelne Informationen aus Ihrem Pressetext, sondern finden Sie Paraphrasierungen oder andere Details.

▪ Wie beim Pressetext liegt auch bei der BU in der Kürze die Würze: Schweifen Sie nicht vom Bildmotiv ab, erfinden Sie nichts dazu. Je nach Erklärungsbedarf sollte eine BU fünf Zeilen nicht überschreiten; sie ist kein zweiter Pressetext.

▪ Unter die BU gehört das Copyright, das bei Ihrem Unternehmen liegen sollte sowie der Hinweis, dass der Abdruck honorarfrei ist.

Besonders in der Saure-Gurken-Zeit im Sommer oder bei allgemeiner Nachrichtenflaute genügt manchmal ein originelles Pressebild, mit einer schwungvollen BU an die Redaktionen versandt, um beispielsweise auf den beliebten vermischten Seiten abgedruckt zu werden. Das können Sie sich zunutze machen. Gehen Sie mit reinen Foto-Versendungen aber sparsam um, meist empfiehlt sich die Kombination aus kurzem, knackigem Pressetext plus Foto. Denken Sie auch daran, dass Redaktionen auf eine Fülle von Archivbildern zurückgreifen können, also nicht jedes Mal ein neues Foto brauchen. Das erspart Ihnen Kosten.

3.4   Wie Sie einen Presseverteiler erstellen

Ihre Pressemeldung, ob mit oder ohne Bild, soll nun auch Ihre Zielmedien erreichen, sonst war die ganze Mühe mit dem Texten umsonst und sie verschwindet im Nirvana mit tausenden anderen irregeleiteten Meldungen. Der Versand Ihrer Presseinfo ist also ein ganz zentraler Bestandteil Ihrer Tätigkeit und sollte zügig, routiniert und dabei dennoch äußerst sorgfältig erledigt werden, damit der Inhalt eine Chance auf Abdruck hat.

Dazu benötigen Sie einen auf Ihr Unternehmen oder Produkt zugeschnittenen *Presseverteiler*. Doch wie baue ich aus diesen Tausenden von Titeln meinen eigenen zusammen, das heißt: wer erhält künftig meine Presseinformationen oder Einladungen zu Presseveranstaltungen, ohne dass ich Porto verschwende, ohne dass meine Mails auf der Spamliste landen oder im Papierkorb der Redaktion? Muss ich bei jeder Redaktion anrufen und fragen, ob sie das interessiert? Woher bekomme ich eigentlich Namen und Adressen? An dieser Stelle zunächst ein Blick auf die deutsche Medienlandschaft, denn darin müssen Sie sich zumindest im Überblick auskennen. Einige Fakten:

- Deutschland ist ein Zeitungsland. 78 % der Bundesbürger lesen täglich im Schnitt 38 Minuten die Zeitung (Quelle: Auswärtiges Amt). Neben bundesweiten Tageszeitungen – z. B. *Frankfurter Allgemeine Zeitung* (FAZ), *Süddeutsche Zeitung* (SZ), *Die Welt* – ist die lokale und regionale Tagespresse mit 331 Titeln stark vertreten. Hinzu kommen Sonntagszeitungen wie *Bild am Sonntag* (BamS), *Welt am Sonntag* (WamS) oder *FAZ am Sonntag (FAS)*.

- Deutschland hat den größten Zeitschriftenmarkt der Welt. Einschließlich Fachzeitschriften sind fast 15.000 Titel im Angebot. Neben gängigen Frauenzeitschriften, Jugendtiteln, Sportmagazinen etc. kommen laufend neue Titel dazu. So genannte Special-Interest-Medien bedienen eingegrenzte Leserkreise vom Hobby-Aquaristiker über den Pferdezüchter bis hin zum Modellbahnbauer (entsprechend niedriger sind auch die Auflagen).

Ganz zu schweigen von Fachzeitschriften für jeden erdenklichen Beruf, vom Bäcker bis zum Schiffbauer, vom Marketingmanager bis zum Anlageberater, knapp 3.500 Titel an der Zahl. Hinzu kommt eine Vielzahl von Stadtmagazinen und Gratiszeitschriften.

- Die Fülle an *Internetmedien* lässt sich ebenso unmöglich vollständig aufführen, zumal dort bestimmte eigene Kommunikations- und Medienformen entstanden sind – siehe Kapitel 7.

- Der TV- und Rundfunkmarkt umfasst 12 öffentlich-rechtliche Sendeanstalten, an die 60 private Fernsehsender und über 300 private, meist stark regional ausgerichtete Radiosender.

Kaum eine Aufgabe ist bei Agenturvolontären oder Praktikanten im Unternehmen unbeliebter, als den Medienverteiler mit Hilfe von Kontrollanrufen oder Redaktions-Adressbüchern zu pflegen – dabei ist vielen die Wichtigkeit gerade dieser Aufgabe meist gar nicht richtig bewusst: Ein aktueller, sauber gegliederter Presseverteiler ist das A und O, das Gerüst erfolgreicher Pressearbeit!

Dies wird spätestens dann ersichtlich, wenn die Pressemitteilung versendet wird und nicht die erwünschte *Coverage*, also Abdruck in den Zielmedien findet. Oft stellt sich dann heraus, dass das Ressort falsch war, es den Redakteur gar nicht mehr gibt oder er das Medium gewechselt hat. Die Fluktuation in der modernen Medienlandschaft nimmt wie auch in anderen Berufsbereichen zu; wo früher ein Redakteur über Jahrzehnte in einem Ressort, bei einer Zeitung oder einem Hörfunksender aktiv war, sind es heute manchmal nur wenige Jahre. Zum Teil informieren Journalisten von sich aus, dass sie nicht mehr im Verteiler sein möchten (eine Bitte, die man unbedingt beachten sollte) oder künftig neuen Tätigkeiten nachgehen, jedoch ist darauf nicht grundsätzlich Verlass.

Ich empfehle daher, alle zwei bis drei Monate zumindest die Ansprechpartner der wichtigsten Medien zu überprüfen, die so genannte „A-Medienliste", die vielleicht 20-50 Medien umfasst sowie ausgewählte Titel der B-Medienliste, z. B. wichtige überregionale Tageszeitungen; der gesamte Verteiler sollte einmal pro Jahr komplett überprüft werden.

Wie bekommen Sie aber zunächst die richtigen Adressen für Ihren eigenen Verteiler? Hier gibt es verschiedene Wege, die zum Ziel führen:

Praxistipp! Presseverteiler

1. Direkt über die Medien: In jeder Publikation findet sich ein Impressum, in welchem wenigstens die wichtigsten Ressorts und deren Ansprechpartner aufgeführt sind. Manchmal stehen dort einzelne Telefonnummern, bei großen Verlagen eher eine Verlagsanschrift und die Nummer der Zentrale. Um an die für Ihre Presseaussendungen relevanten Kontakte zu kommen, werden Sie also nicht umhin kommen, diese durch einen eigenen Anruf zu recherchieren. Man wird Sie an das jeweilige Redaktionssekretariat verweisen, wo man Ihnen weiterhilft. Da dort täglich viele, viele Pressestellen und Agenturen anrufen, fassen Sie sich bitte kurz und bleiben Sie freundlich und höflich, auch wenn man Sie u. U. schnell abfertigen möchte. Erfragen Sie den Vor- und Nachnamen des Redakteurs sowie möglichst seine Durchwahl; manche große Verlagshäuser geben diese prinzipiell nicht heraus, dann müssen Sie mit der Redaktionsnummer vorlieb nehmen. Sie sollten auch die Faxnummer und Mailadresse erfragen oder besser noch, auf welchem der beiden Wege der Redakteur die Presseinformationen bekommen will. In Lokal- und Regionalmedien werden Sie meist direkt mit dem Redakteur sprechen, dies empfiehlt sich schon aus Gründen der Nahbarkeit – einen Lokalreporter können und werden Sie eher einfach mal anrufen und mit Themen beliefern als eine große Publikumszeitschrift. Es gibt zudem auch spezielle Redaktionsadressbücher, in denen Sie ähnlich wie im Telefonbuch nachschlagen können – aber Vorsicht, diese können schnell veraltet sein.

   Es versteht sich außerdem von selbst, dass Sie neue Pressekontakte, die Sie z. B. durch Messen, Redaktionsbesuche, Pressekonferenzen oder Networking-Veranstaltungen kennen lernen, auch in Ihren Presseverteiler einpflegen.

2. Über Dienstleister: Die Notwendigkeit eines aktuellen, sauber gegliederten Presseverteilers haben sich spezielle Dienstleistungsunternehmen zu Nutze gemacht und erleichtern Ihnen die Aufgabe zumindest bis zu einem gewissen Grad. Das Nachschlagewerk Zimpel beispielsweise gibt es seit über 35 Jahren. Die typischen gelben Ringbuchordner sind praktisch, da sie als Loseblattsammlung problemlos aktualisiert werden können. Allerdings füllen die Bände, geordnet nach Zeitungen, Publikums-, Fachzeitschriften, Anzeigenblättern, Funk & Fernsehen, freien Journalisten, ganze Regalwände. Zeitgemäßer und handlicher ist die CD-ROM. Den Zimpel kann man abonnieren, so dass man monatlich eine aktualisierte Version sämtlicher Medien zum Download erhält. Daneben lässt sich der Essener STAMM-Verlag nennen, bei

dem man sich aus über 100.000 Adressen individuelle Redaktionsverteiler zusammenstellen kann. Die Datenlieferung erfolgt ebenfalls im Abonnement und kann monatlich oder zweimonatlich erfolgen.

Wenn Sie in einer PR-Agentur tätig sind, wird man dort für verschiedene PR-Themengebiete und/oder verschiedene Kunden bereits eigene Verteilerdatenbanken angelegt haben, auf die die ganze Agentur oder auch einzelne Teams zugreifen können und aus welchen sich dann wieder neue Verteiler erstellen lassen. Als Unternehmenspressestelle können Sie selbst eine Agentur beauftragen, die Ihnen die Verteilerrecherche, -erstellung und -pflege sowie Ihre Presseaussendungen abnimmt. Das hat natürlich seinen Preis, der je nach Größe der Agentur und Ihren Bedürfnissen schwanken kann. Hier lohnt sich ein Vergleich mit mindestens drei Dienstleistern. Fragen Sie immer nach, woher die Agentur ihre Daten bezieht und wie die persönliche Kontaktpflege aussieht. In einer seriösen Agentur wird man Ihnen dies gern erläutern. Schnell eingekaufte Adressen, wie man sie aus Direktmailings kennt, sind indiskutabel und wertlos. Ein PR-Profi hat selbstverständlich langjährige, gewachsene persönliche Kontakte und einen direkten „Draht" zu seiner wichtigsten Zielgruppe! Stellen Sie im Gespräch mit der Agentur auch ruhig Testfragen und lassen sich z. B. Namen von Ihnen bekannten und für Ihre Arbeit wichtigen Journalisten nennen, um zu überprüfen, ob nicht geblufft wird – auch das kommt leider vor.

3. Und natürlich sollte man sich über die gängigsten Newsticker und Publikationen der Kommunikationsbranche (kress report, w&v werben & verkaufen, PR Report u. a., siehe Anhang) in gedruckter Form oder im Internet auf dem Laufenden halten: Wer hat wohin gewechselt, welche Verlage haben fusioniert, welche Zeitschrift wird demnächst eingestellt? So vermeidet man „Karteileichen" und peinliche Richtigstellungen. In meiner ehemaligen Agentur hing in einem Büro als sichtbares Mahnmal ein Redaktionsfax, in dem lapidar mitgeteilt wurde, den angeschriebenen Redakteur doch bitte zu streichen: Er wäre vor acht (!) Jahren verstorben. Ein Extrem, sicherlich – aber leider keine Ausnahme.

4. Darüber hinaus gibt es noch den Kroll-Verlag, dessen Pressetaschenbücher mittlerweile 18 verschiedene Themengebiete samt Ansprechpartner umfassen, darunter auch freie Journalisten. Für regionale und lokale Verteiler halten die Industrie- und Handelskammern der Städte Verteiler vor, die jedoch meist sehr allgemein gehalten sind (und bspw. keine Ansprechpartner enthalten).

Ihr Verteiler sollte dann in eine leicht zu pflegende **Datenbank**, z. B. einer Excel- oder Accessdatei, in Form gebracht werden und neben den Minimalkriterien Titel, Vorname, Nachname, Ressort, Anschrift, Telefon-, Faxnummer und E-Mailadresse auch besondere Vorlieben und Abneigungen, Geburtstag (falls bekannt) und ähnliches umfassen. Mancher Redakteur möchte keinesfalls ein Fax bekommen, ein anderer verbittet sich ausdrücklich Nachfassaktionen usw. Notieren Sie alles, was Ihnen wichtig erscheint, damit Sie Ihre wichtigsten Multiplikatoren nicht verprellen.

3.5   Der Presseversand

Zunächst sollten Sie nun wissen, in welcher Form Ihre Kontakte den Pressetext zugestellt bekommen möchten. In der Regel wurden und werden sie mit der Post versandt, oftmals auch per Fax und in unserem elektronischen Zeitalter zunehmend auch per E-Mail.

Jede Versandform hat dabei ihre Vor- und Nachteile: Eine ausgedruckte Pressemeldung wird nicht so leicht übersehen wie eine Mail, sieht hochwertiger aus und muss nicht erst vom Journalisten ausgedruckt werden, um sie z. B. schnell mit in die Redaktionskonferenz zu nehmen oder seinem Chefredakteur zu zeigen. Ähnliches gilt für das Fax, das schneller ist als die Post, jedoch ebenso schnell – vor allem, wenn kein eindeutiger Ansprechpartner vermerkt ist – untergehen kann. Nicht jeder Redakteur hat ein eigenes Faxgerät und die Zeit, ständig nachzuschauen.

Zumindest bei Ihren wichtigsten Kontakten sollten Sie daher immer abfragen, auf welchem Weg sie Ihre Presseinformationen erhalten möchten.

Praxistipp! Wichtig ist der *Zeitpunkt* Ihrer Aussendung:

Tageszeitungen haben ihren Redaktionsschluss am frühen Abend, bundesweite meist schon gegen 17 Uhr (da die ersten Bundesausgaben in den nationalen Vertrieb gehen), lokale und regionale auch später, gegen 19 Uhr. *Bild,* die auflagenstärkste deutsche Tageszeitung hat aus Gründen der Aktualität sogar einen noch späteren Redaktionsschluss, der sich bei Ereignissen von besonderer Tragweite auch bis Mitternacht verschieben kann. Online-Ausgaben können natürlich ständig aktualisiert werden.

Wollen Sie Ihre Meldung am nächsten Tag in der Zeitung finden, senden Sie diese am besten am Vormittag aus, spätestens jedoch bis zum frühen Nachmittag. Wichtige Meldungen (was dazu gehört, entscheidet die Redaktion, nicht Sie) werden auch noch später ins Blatt genommen. Rechnen Sie auch noch am frühen Abend mit Rückfragen zu Ihrer Pressemeldung. Oft kommt der Redakteur erst nach einem langen Tag voller Konferenzen, Recherchen und Termine dazu, sich mit Ihrer Information zu befassen.

Anders sieht es bei **wöchentlich, zweiwöchentlich oder monatlich erscheinenden Medien** aus. Insbesondere Monatstitel haben naturgemäß einen langen Planungsvorlauf, der zwei bis drei Monate umfassen kann. Achtung, gedruckt und veröffentlicht werden Monatshefte schon im Vormonat ihres Erscheinens: Die Juni-Ausgabe erscheint also bereits Mitte bis Ende Mai. Daher werden in monatlich erscheinenden Frauenzeitschriften auch schon im Hochsommer in der Redaktions-Versuchsküche emsig Weihnachtsplätzchen gebacken und fotografiert, damit pünktlich im Dezemberheft die „leckersten Backrezepte zum Fest" erscheinen können, die Fotostrecke mit der Herbst/Winterkollektion der Designer wird bereits im Frühjahr produziert, damit sie im August- oder Septemberheft erscheint – genau dann, wenn die Leserin überlegt, welche Herbstgarderobe sie kaufen soll.

Wenn Sie Ihr Unternehmen oder Produkt also in Monatstiteln finden wollen, müssen Sie Pressetexte und Fotos schon zwei bis drei Monate vorher fertig produziert haben und aussenden.

Falls Sie Ihre Pressetexte zusätzlich in einer Fremdsprache aussenden, beachten Sie bei Ihrem Timing, dass die Übersetzung ebenfalls Zeit kostet. In der Regel dauern sorgfältige Übersetzungen vom Übersetzungsservice je nach Textumfang einen halben bis einen Tag.

Rechnen Sie nach jeder Presseinformation damit, dass dazu telefonische Rückfragen, als erstes von Tageszeitungsjournalisten (oder Nachrichtenagenturen, s. u.) kommen, die Sie umgehend beantworten müssen, wenn Sie Ihre Meldung am nächsten Tag redaktionell aufbereitet in der Presse lesen wollen. Durch die gesammelten Nachfragen wissen Sie auch schon, welche Resonanz sie bei den Medien findet und welche Publikation Ihre Meldung übernehmen wird. Das ist natürlich keine Garantie; die Seitenaufteilung kann in der Redaktion aus aktuellem Anlass wieder umgeschmissen werden und Ihre Info fällt dann schlimmstenfalls komplett heraus.

Wenn Ihre Meldung von **Nachrichtenagenturen** wie der *Deutschen Presse-Agentur (dpa)* übernommen wird, ist das schon die halbe Miete, denn Medien können nicht überall gleichzeitig sein. Nur große Zeitungen leisten sich viele Korrespondenten, alle aber greifen auf Agenturmeldungen zurück.

Was macht eine Nachrichtenagentur? Sie filtert die tägliche Nachrichtenflut: „Ohne die Agenturen sind die Massenmedien heute überhaupt nicht denkbar. (...) Agenturen bestimmen in hohem Maße, welche Nachrichten gedruckt oder gesendet werden und welche nie in das Bewusstsein der meisten Menschen dringen. (...) Fünf große und mehrere kleine Spezialdienste wetteifern um die Abonnements der Zeitungen, Radios und TV-Anstalten, so viele wie in keinem Land der Welt. Sie liefern täglich über 2.000 Meldungen und über 500 Fotos und Grafiken, und das mit stets steigender Tendenz."[17]

Im heutigen Internetzeitalter kann sich zwar theoretisch jeder in kürzester Zeit mit Informationen aus aller Welt eindecken, doch es fehlt die Zeit, schnell Wichtiges von Unwichtigem zu unterscheiden. Nachrichtenagenturen sind also immer noch wertvolle, da verlässliche und schnelle Informationszulieferer für die Medien. Insbesondere, da sie als Experten rasch echte Nachrichten von Propagandameldungen z. B. von Potentaten aus der Dritten Welt unterscheiden können.

Auf den Versand von Pressemitteilungen haben sich wiederum verschiedene *Dienstleister* spezialisiert, die ähnlich wie klassische Nachrichtenagenturen arbeiten. Der Unterschied ist jedoch, dass sie gegen Bezahlung reine PR-Meldungen in ihr System einstellen und es keine Garantie gibt, dass diese auch von Medien oder den unabhängigen Agenturen aufgegriffen werden.

Einer der meistverbreiteten PR-Dienste ist *news aktuell* mit seinem *Originaltextservice (ots)* und *Originalbildservice (obs)*. Das in Hamburg ansässige Unternehmen wurde 1989 gegründet und gehört seit 1994 zur *dpa*. Durch den gemeinsam genutzten Nachrichtensatelliten kann *news aktuell* mit seinem *ots*- und obs-Service auf dasselbe Nachrichtennetzwerk zurückgreifen wie die *dpa*. Deren News laufen in den Nachrichtentickern der Redaktionen auf, genau wie die Meldungen der anderen Agenturen wie *ddp (Deutscher Depeschendienst), AP (Associated Press), Reuters* oder *AFP (Agence France Press)* mit ihren Kürzeln. Auf diese Weise gehen auch über *ots* versandte Pressemeldungen in 18 Agenturen und in den 320 tagesaktuellen Medien ein, die den Basisdienst der *dpa* abonniert haben. Zusätzlich gibt es Themendienste zu bestimmten Branchen, die insbesondere viele freie Journalisten

---

17 Wolf Schneider/Paul-Josef Raue, *Handbuch des Journalismus,* 1998, S. 24 f.

abonniert haben; so kommen laut Auskunft des Unternehmens nochmals 1.000 weitere Kontakte für eine Meldung hinzu.[18] Die PR-Meldungen, die über *news aktuell* verbreitet werden, bekommen das Kürzel *(ots)* vorangesetzt. Daran erkennt der Redakteur, dass er nicht die quasi-neutrale Meldung der *dpa* liest (quasi-neutral, da natürlich auch die Nachrichtenagenturen durch ihre Entscheidung, welche Meldungen sie verbreiten, eine Wertung treffen), sondern die Pressemeldung eines Unternehmens, die somit subjektiv, jedoch u. U. einen Artikel wert ist.

Dieser Rundumservice hat seinen Preis: 290 Euro muss man für die Verbreitung einer einzelnen Meldung in Deutschland ausgeben. Je nachdem, ob noch Auslandsmedienverteiler, Bilder oder andere Versandarten mitbedient werden, können leicht 2.000 Euro oder mehr zusammen kommen. Mit Streuverlusten ist stets zu rechnen – denn das heißt natürlich nicht, dass alle diese Medien die Meldung auch brav abdrucken. Garantierter Abdruck gegen Bezahlung heißt Werbung oder →Promotion!

Doch ist so zumindest sichergestellt, dass die Meldung ihre Empfänger auch erreicht. Mittlerweile nutzen 5.000 Kunden (Eigenauskunft) den Service *ots* und den Bilderdienst *obs*, 94 Prozent der Medienjournalisten lesen *ots*-Meldungen nach Umfragen des Services offenbar täglich.[19]

Aufgrund der daraus resultierenden Nachrichtenfülle kann die Verbreitung via Mediendienst nur einen Zusatznutzen darstellen. Unumgänglich bleiben die persönlichen Pressekontakte, die man gezielt aufbauen und kontinuierlich pflegen muss. Der Service lohnt sich jedoch insbesondere bei Presseinformationen, die besonders schnell und umfassend verbreitet werden sollen, also beispielsweise bei für das Unternehmen besonders wichtigen Meilenstein-Meldungen wie Unternehmenszahlen, größeren Umwälzungen, Umsatz entscheidenden Neuheiten etc. Ein weiterer Vorteil ist, dass die durch den Themendienst verbreiteten Meldungen innerhalb der eigenen Branche schnell bekannt werden, da Konkurrenzunternehmen oft ebenfalls den Themendienst nutzen.

---

18 Vgl. *Pressesprecher,* 04/06, S. 52 f.

19 Medienresonanzumfrage von *news aktuell,* 2004.

3.6   Medienkooperationen

Eine andere Möglichkeit, sein Unternehmen oder Produkt in die Medien zu
bringen, sind so genannte Medienkooperationen. So wird in der PR ein Artikel bezeichnet, für die der PR-Schaffende dem Redakteur eines Mediums
exklusive Informationen beisteuert und welche meist mit einer Leseraktion
wie einem Gewinnspiel verknüpft sind. Im Unterschied zu einem →Adverto-
rial bzw. einer →Promotion ist die Berichterstattung redaktionell – es wird
dafür kein Geld bezahlt! Das bedeutet natürlich, dass das letzte Wort über
Inhalt, Gestaltung und Tonalität des Artikels der Redakteur hat und Sie nicht
so agieren können, als wären Sie Kunde der Anzeigenabteilung. Es bedeutet
andererseits aber auch, dass Ihre Marke, Ihr Produkt o. ä. durch eine solch
redaktionelle Coverage umso glaubwürdiger auf den Leser oder Zuschauer
oder Zuhörer wirkt. Sie haben nichts bezahlt, konnten aber trotzdem Ihre
Kernbotschaften mehr oder weniger subtil unterbringen. Durch eben diese
feine Balance ist eine Medienkooperation hohe PR-Kunst.

3.6.1   Wie entsteht eine Medienkooperation?

Wie wir eingangs schon gehört haben, sind viele Journalisten genervt von
PR-Beratern, die ihnen ihrem Empfinden nach ständig etwas aufdrängen oder
verkaufen wollen. Andererseits haben wir auch aufgezeigt, dass in vielen
Redaktionen gespart wird und mittlerweile die Hälfte der Berichterstattung
auf PR zurückzuführen ist. Journalisten sind also auch mal froh für einen
Impuls aus der PR-Ecke. Um jedoch überhaupt eine Medienkooperation an-
bahnen zu können, müssen folgende Voraussetzungen erfüllt sein:

1. Gute Kenntnisse der deutschen Medienlandschaft: Um abschätzen zu
können, bei welchen Medien sich eine Ansprache zwecks Medienkooperation lohnt, müssen Sie diese kennen, das heißt: lesen und ein Gespür entwickeln, ob und wie Kooperationen dort stattfinden. Eine gute Medienkooperation ist aufgrund ihres redaktionellen Charakters so subtil, dass sie nicht sofort als solche erkennbar ist. In einer *Frankfurter Allgemeinen Zeitung,* in der
SZ, im *SPIEGEL* werden Sie keine Medienkooperationen finden, es sei denn,
es gibt exklusive Partnerschafen bei kulturellen Veranstaltungen oder für
karitative Zwecke, die aber meist von den Verlagen selbst ausgehen. Das
Hamburger Abendblatt beispielsweise veranstaltet jedes Jahr ein großes

Sommerrätsel über mehrere Wochenendausgaben hinweg, wofür eine Vielzahl an hochwertigen Preisen benötigt wird – eine Kreuzfahrt, ein Auto oder ein Schmuckset. In dem Fall rufen Medien direkt bei den Pressestellen oder Agenturen an. Doch das sind reine Sponsorings, bei denen nur Sachpreise zur Verfügung gestellt werden und man einer von vielen Sponsoren ist.

Große Tageszeitungen, seriöse Nachrichtenmagazine und auch die Wirtschaftspresse halten aber zumeist die Fahne der journalistischen Unabhängigkeit und Pressefreiheit hoch, und das ist gut so. Dort anzurufen und ein Gewinnspiel anzubieten, wird Ihnen bestenfalls ungläubiges Lachen, schlimmstenfalls ein genervtes Auflegen einbringen, so dass Sie die nächsten Monate dort nicht mehr anrufen brauchen.

Dagegen sind v. a. Frauen- und Jugendzeitschriften, Programmzeitschriften, Online-Portale, die Lifestylepresse, Stadtzeitungen oder lokale, private Radio- oder TV-Sender gut durchdachten Medienkooperationen gegenüber in der Regel aufgeschlossen. Doch auch bei großen Zeitschriftenverlagen wie *Burda* oder *Gruner + Jahr* lässt sich seit ein paar Jahren die Entwicklung beobachten, dass für PR-Kooperationen strengere Auflagen gelten; z. B. dürfen Logos eine bestimmte Größe nicht überschreiten, damit es nicht nach unbezahlter Werbung aussieht. Ihr Wettbewerber, der bei dieser Publikation vielleicht ein wichtiger Anzeigenkunde ist, könnte sich ja sonst beschweren, denn er bezahlt für die Platzierung seines Logos. Im Zweifel fragen Sie bei einem Redakteur Ihres Vertrauens nach, wie der Verlag mit Kooperationen umgeht, man wird Ihnen ganz offen sagen: Ja, klingt interessant, lassen Sie uns mal drüber reden oder: Nein, das machen wir generell nicht.

Praxistipp!

In allen Redaktionen, vor allem bei den weit im Voraus planenden Monatszeitschriften, gibt es **Themenpläne**, in denen meist schon ein Jahr vorher inhaltliche Schwerpunkte der jeweiligen Hefte aufgelistet sind. Diese können Sie sich kostenlos schicken oder faxen lassen. Meist können Sie auch in den **Mediaplänen** der Publikationen sehen, welche Themen geplant sind. Diese erhalten Sie problemlos von der Anzeigenabteilung, da diese davon ausgeht, dass Sie dort u. U. eine Anzeige schalten wollen. Vor großen Fachmessen gibt es zudem in vielen Medien **Sonderbeilagen**, die neben Anzeigen redaktionelle Texte beinhalten.

Beachten Sie auch **saisonale Schwerpunkte**, die Ihnen eine Ansprache der Presse erleichtern können. Viele Medien publizieren Jahr für Jahr die immer gleichen Themen in leichten Abwandlungen, z. B. Frauenzeitschriften im Sommer Urlaubstipps, Diäten, Strand- und Bademode, Selbstbräuner/Sonnencremes, die richtige Reiseapotheke, Grillrezepte u.v.m. Diese sind dankbar, wenn sie auch mal neue Impulse durch eine originelle Kooperationsidee bekommen.

2. Exzellente Medienkontakte: Das A und O Ihres Jobs. Sie haben gesehen, dass PR-Professionelle nur wenige Medienkontakte pflegen. Im Prinzip geht natürlich Qualität vor Quantität, aber Sie sollten in Ihrem Arbeitsalltag zu so vielen Journalisten regelmäßigen Kontakt haben, dass Sie auch und gerade bei Medienkooperationen die Auswahl unter mehreren in Frage kommenden Publikationen haben. Auf Veranstaltungen wie Pressekonferenzen oder bei Redaktionsbesuchen (siehe Kapitel 4.3) können Sie ebenfalls neue Kontakte knüpfen und bestehende pflegen. Wenn man ein Gesicht kennt, mit einem Redakteur schon mal geredet hat und sei es auch nur Smalltalk gewesen, ist die Hemmschwelle niedriger, wegen einer Kooperation anzurufen. Genau, anrufen: Sie sollten Medienkoops zunächst immer auf direktem Weg anfragen, also persönlich oder telefonisch. Im Dialog haben Sie die Chance, Ihr Gegenüber von Ihrer Idee zu überzeugen, während eine ausführliche E-Mail oder ein Fax an den Redakteur von diesem viel leichter mit einem kategorischen „Nein" abgelehnt werden kann. Noch fataler: Ein Massenversand von E-Mails (Redakteure erkennen austauschbare Serienbriefe sehr schnell) ist wie mit Kanonen auf Spatzen schießen. Unter Umständen wird dieses vom Redakteur als Spam-Mail deklariert und einfach gelöscht.

Erst, wenn der Redakteur grundsätzlich interessiert ist und ausdrücklich darum bittet, die Idee schriftlich zu bekommen, schicken Sie ihm diese zur Prüfung zu.

3. Eine gute Idee: In Ihrem PR-Konzept (Kapitel 2) haben Sie Kernbotschaften und Ziele festgelegt. Sie haben aus den Themen Maßnahmen entwickelt, unter Umständen auch Medienkooperationen. Oder Sie stoßen beim Lesen eines Artikels plötzlich auf die Idee zu einem Thema. Wie auch immer, stets sollten Sie die Idee zu einer Medienkooperation für sich und/oder Ihren Kunden zunächst schriftlich skizzieren, z. B. in einem Memo oder Ideenpapier. Formulieren Sie die Idee noch nicht aus, zurren Sie die Mechanik noch nicht fest – der Journalist kann sich sonst leicht überrumpelt fühlen, auch wenn er bereits im Gespräch Interesse signalisiert hat. Vielmehr sollten Sie die Maßnahme mit ihm zusammen weiterentwickeln. Der Redakteur kennt seine Leser am besten; übernehmen Sie nicht seinen Job, seien Sie lediglich Impulsgeber.

3.6.2 Beispiele für Medienkooperationen

a) als Gewinnspiele

Beispiel 1

Ihr Unternehmen oder Kunde sponsert einen Kinofilm. Neben einem Artikel zum Film, in dem auch der Sponsor genannt wird, verlost ein Stadtmagazin zum Kinostart 10x2 Freikarten und 50 Produktpackages.

Beispiel 2

Durch den Redaktionsthemenplan wissen Sie, dass eine bestimmte Frauenzeitschrift im Winter ein Special zum Thema Südseekreuzfahrten haben wird. Sie hängen sich an das Thema, indem auf der gleichen Seite wie der Artikel zusätzlich eine Kreuzfahrt mit Ihrem Anbieter verlost wird. Ein paar Ausgaben später berichtet das Gewinnerpaar von seiner eindrucksvollen Reise. Oder moderner: Das Reisetagebuch ist parallel in einem →Weblog auf der Homepage der Zeitschrift nachzulesen.

b) Thematisch:

Beispiel 1

Sie sind Hersteller einer schmerzlindernden Salbe. Zusammen mit einem Familienmagazin entwickeln Sie zur Urlaubssaison ein heraustrennbares Booklet mit praktischen Tipps für die Erste Hilfe und die Reiseapotheke, natürlich sind Produkte Ihrer Firma dabei. So besetzen Sie das Thema „Gesundheit im Urlaub" für sich.

Beispiel 2

Thema Online-Banking in einer Lifestylezeitschrift: Was muss der Verbraucher beachten? Ein Experte Ihrer Bank gibt kompetent Auskunft.

c) Events

Beispiel 1

Ihr Kunde ist Hersteller eines Szenegetränks. Mit einem People- oder Stadt-magazin laden Sie zur exklusiven Verkostung in einer angesagten Bar samt DJ und Buffet. Berichterstattung im Vorfeld und nach dem Event.

Beispiel 2

Meet & Greet: Ein Boulevardmagazin (Print oder TV) interviewt das promi-nente →Testimonial beim Dreh für den Werbespot Ihrer italienischen Pasta-sauce. Telefonisch, per Mail oder Postkarte können sich Leser/Zuschauer für ein original italienisches Abendessen mit dem Promi bewerben. Zwei Gewin-ner dürfen den Promi treffen, auch hier ist Ihr Kooperationspartner wieder dabei.

Beispiel 3

Sie sind Kaffeehersteller und besetzen das Thema „Kaffeegenuss" glaubwür-dig, indem Sie zusammen mit einem Feinschmeckermagazin ein Genusswo-chenende mit eigens kreiertem Menü nebst Kaffee-Seminar in einem Spitzen-hotel arrangieren, an dem sechs Gewinner mit Begleitung teilnehmen. Die Nachberichterstattung erfolgt in einem der nächsten Hefte. Da das Hotel ebenfalls von der Berichterstattung profitiert und mit seinem Logo im Heft zu sehen sein wird, erhalten Sie einen kräftigen Rabatt bei der Zimmerbuchung.

Die Beispiele stammen alle leicht abgewandelt aus der Praxis. Sie sehen, es gibt eine Vielzahl von unterschiedlichen Ansätzen. Die Kunst besteht darin, Ihr Produkt oder Unternehmen gekonnt mit den Ansprüchen des Mediums zusammenzubringen. Dadurch, dass außer für eventuelle Sachpreise kein Geld fließt, ist es keine Werbung. Kosten für den Aufwand, den z. B. die Organisation eines Events erfordert, tragen Sie bzw. Ihr Kunde. Aus Sicht des Mediums bekommen Sie dafür ja schließlich erstklassige PR.

Bei einer rein redaktionellen Medienkooperation wird seitens der Presse auch keine Anzeige als Gegenleistung gefordert! Sicher erleichtert es die Sache, wenn Sie Anzeigenkunde sind oder Spots schalten, aber dies sollte nicht der alleinige Grund für die Medienansprache sein. Wenn es Ihnen gelingt, den Nutzen für das Medium überzeugend darzustellen, haben Sie schon die erste Hürde überwunden.

3.6.3 Abstimmung mit Journalisten und Kunden

Noch ein Wort zur Abstimmung: Es ist üblich, dass Sie Texte zu Ihrer Kooperation nochmal zum Gegenlesen bekommen, meist schon im gesetzten Layout. Das macht der Redakteur aber nur, damit Sie eventuelle sachliche Fehler oder unrichtige Angaben zum Ablauf z. B. des Gewinnspiels korrigieren können. Keinesfalls dürfen Sie stilistisch darin herumfuhrwerken, werbliche Aussagen einfügen o. ä., es handelt sich nicht um eine Anzeige! Dieser Text ist kein Interview, in dem Sie Wort für Wort zitiert werden. Wenn es sich der Redakteur in den Kopf gesetzt hat, trotz Ihrer Kooperation etwas Kritisches zu schreiben oder die Ihren Pressetexten entnommene Aussagen abzuschwächen, dann macht er dies aus Gründen der journalistischen Glaubwürdigkeit und im Bemühen um einen Rest Neutralität. Das müssen Sie dann so akzeptieren. Tobende Geschäftsführer oder Kunden, die damit drohen, sonst Anzeigen zurückzuziehen, haben den Wert einer redaktionellen Medienkooperation nicht erkannt. Hier müssen Sie im Vorfeld sensibilisieren oder schlimmstenfalls in der Abstimmungsphase diplomatisch vermitteln und Kompromisse finden, bei denen beide Seiten ihr Gesicht wahren. Ansonsten sind die Beziehungen zu der Redaktion erst einmal vergiftet und Sie müssen erst recht mit negativen Berichten oder Nichtbeachtung rechnen.

4.   Die wichtigsten PR-Veranstaltungen

4.1   Die Pressekonferenz

Die Pressekonferenz (PK) ist die gängigste PR-Veranstaltung, kaum ein PR-Schaffender kommt in seinem Berufsleben an ihr vorbei. Das ist gut so: Die Organisation einer PK zeigt, ob man das große Einmaleins der PR gelernt hat und praktisch anwenden kann, denn hier greifen mehrere Anforderungen ineinander, die ein PR-Profi beherrschen muss: das perfekte Veranstaltungsmanagement, der Umgang mit der Zielgruppe Medien, souveränes Moderations- und Redetalent, hohe Belastbarkeit, selbstbewusstes Auftreten und Stilsicherheit. Auf kaum einer Veranstaltung zeigt sich daher so unmittelbar, ob man tatsächlich eine an den Bedürfnissen der Journalisten orientierte Medienarbeit macht.

Abzulesen ist dies nämlich ganz einfach von der Quantität und Qualität 1. der erschienenen Pressevertreter und 2. der Berichterstattung danach. Bis es soweit ist, muss die Veranstaltung genauestens geplant werden; auch vermeintlich kleine Details entscheiden über Erfolg oder Misserfolg der PK.

4.1.1   Der Anlass

Das Wichtigste an einer PK ist ihr Anlass. Eine solche Veranstaltung braucht eine lange Vorbereitung, perfekte Organisation, gutes Timing, ständige Konzentration und sorgfältige Nachbereitung. All diese Mühen und Kosten können Sie sich sparen, wenn es das Thema einfach nicht hergibt und zu Ihrer durchorganisierten PK folgerichtig niemand erscheint. Der Journalist "opfert" immerhin mehrere Stunden seiner kostbaren Arbeitszeit, um zum Veranstaltungsort zu gelangen, sich dort eine Präsentation zeigen zu lassen, die Fragerunde zu absolvieren und sich ggf. im Einzelinterview im Anschluss abermals mit dem Thema zu befassen. Danach gibt es Smalltalk bei Fingerfood oder Buffet, die Pressemappe nicht vergessen und schon war man zwei, drei Stunden außerhalb der Redaktion, wo nach Rückkehr viel Unerledigtes wartet.

Da muss der Anlass, das Thema der PK schon so ergiebig sein, dass der Pressevertreter hinterher nicht verärgert denkt: Diese Infos hätte ich mir auch im Internet oder durch die Zusendung einer Pressemappe verschaffen können.

Anlässe für eine PK sind zum Beispiel:

- Präsentation der *Jahresergebnisse* eines Unternehmens durch den Vorstandsvorsitzenden oder Geschäftsführer (z. B. Bilanz-PK bei börsennotierten Unternehmen, Quartalszahlen)

- Tiefgreifende *Veränderungen* in der Unternehmensstruktur, die sich nicht durch eine Pressemeldung allein erläutern lassen (Fusion, Übernahmen, Stellenabbau, Restrukturierungsprozeß, neue Führungsriege etc.)

- Überwiegend in der Konsumgüterbranche: *Superlative* wie die Präsentation des teuersten Bikinis, des kleinsten Handys usw.

- Vor allem in der Unterhaltungsbranche: Präsentation eines neuen, berühmten →Testimonials, eines neuen Films oder Programmkonzepts

- *Produktpräsentationen* in großem Stil, vor allem auf Messen (der neue Porsche 911 Turbo, die neue Schmucklinie des gehobenen Einzelhändlers …). Hier liegt die PK meist schon an der Grenze zum aufwändig inszenierten, jedoch oft leider substanzarmen „Show-Event". Das ist Geschmackssache, auch bei der Presse. Für Boulevardmagazine und Lifestylepresse geeignet.

- Auftaktveranstaltung zu einer längeren, medienbedeutsamen Veranstaltungsreihe (z. B. Tournee, Weltausstellung, Sportereignisse wie Fußball-Weltmeisterschaft, Charity-Golfturnier, Tour de France)

Sind Sie im Zweifel, ob eine PK wirklich angebracht ist, sollten Sie lieber darauf verzichten. Auch, wenn Ihr Kunde oder Chef der Meinung ist, dass das Thema selbstverständlich höchst spannend und absolut wichtig sei, hinterfragen Sie dies kritisch durch die Brille eines Journalisten: Würden Sie als Redakteur zu einer PK mit diesem Thema kommen wollen? Warum genügt eine einfache Presseinformation hier nicht? Haben Sie genügend Zeit bis zum angesetzten Termin? Mindestens vier Wochen vorher sollten Sie die Planung starten können, besser sind zwei bis drei Monate. Eine größere PK verursacht außerdem nicht unerhebliche Kosten. Letztlich müssen Sie diese verantworten.

Praxistipp!

Machen Sie eine To Do-Liste in Tabellenform, die täglich, kurz vor der Veranstaltung auch zweimal pro Tag, aktualisiert wird. Darin werden die einzelnen Bausteine (Einladungsmanagement, →Location, Catering, Inhalt Pressematerialien etc.) mit den noch abzuarbeitenden Punkten sowie die Deadlines und die Verantwortlichen eingetragen. Bei einer PK arbeiten Sie üblicherweise mit mehreren Parteien, z. B. externen Dienstleistern wie Cateringfirmen, Druckereien, Vermietern von Räumlichkeiten, Eventagenturen u. a. zusammen. Hier ist es wichtig, den Überblick zu behalten, klare Aufgaben und Verantwortlichkeiten zu verteilen und penibel auf deren Einhaltung zu achten. Sorgen Sie dafür, dass jeder Beteiligte die jeweils aktuelle Liste erhält, ggf. auch nur den ihn betreffenden Teil. Ihnen dagegen obliegt es, den Gesamtüberblick zu behalten und bei Pannen sofort einschreiten zu können.

Stellen Sie ebenfalls sicher, dass jeder Projektbeteiligte die Räumlichkeiten vorher gesehen und ein Briefing oder Konzept erhalten hat, z. B. in Form einer Powerpoint-Präsentation. Ist Ihre Firma im gehobenen Lifestylebereich angesiedelt, so sollten sich Ihre Dienstleister, wie Servicekräfte, selbstverständlich sicher und unauffällig im edlen Ambiente zu bewegen wissen. Holen Sie unbedingt bei einem Ihnen noch unbekannten Dienstleister Referenzen ein oder befragen Kollegen oder Bekannte nach ihren Empfehlungen oder Erfahrungen.

Geben Sie klare Anweisungen und Deadlines. Kontrollieren Sie vor Veranstaltungsbeginn, vor allem während der Aufbauzeiten, regelmäßig den Fortschritt der Arbeiten und weisen unmissverständlich auf Abweichungen zu besprochenen Vereinbarungen hin. Das mag für den einen oder anderen im Vorbereitungsstress „nervend" sein, aber Sie sind verantwortlich für den reibungslosen Ablauf der PK und tragen die Kosten. Bleiben Sie freundlich, aber hartnäckig, bis diese Fehler behoben worden sind: Ein schief angebrachtes Firmenlogo, gelbe statt vereinbarte weiße Tischdecken, schlechte Tonqualität der Mikrofone, zu wenig Stühle – all dies könnte nachher den guten Eindruck Ihres Unternehmen oder Kunden nachhaltig zerstören.

4.1.2   Termin und Uhrzeit

Bevor Sie einen Termin festlegen, ist es ratsam, diesen auf etwaige Konkurrenzveranstaltungen am gleichen Tag abzuklopfen und zwar lokal, regional und bundesweit. Das können feste Termine, aber auch einmalige Events sein: Veranstaltungen Ihrer Wettbewerber, die Bilanz-PK eines Börsen-Schwergewichts oder *Global Players*, eine sportliche Großveranstaltung in Ihrer Stadt oder bundesweit, das Anstehen bedeutender politischer Entscheidungen, Ferienbeginn, Sommerpause, Messen etc.

Beachten Sie, dass in Ferienzeiten die meisten Journalisten im Urlaub sind und die in der Redaktion verbleibende Vertretung, insbesondere bei kleineren Redaktionen, meist unabkömmlich ist, da sie die „Stellung halten" muss. Andererseits kann eine Meldung in der Sommerzeit, der so genannten „Saure-Gurken-Zeit", ggf. mangels anderer wichtigerer Meldungen eine höhere Aufmerksamkeit und damit Wahrscheinlichkeit eines Abdrucks erhalten als sonst.

Sollte vor dem angesetzten Termin etwas Unerwartetes passieren, das Ihre Stadt oder gar die ganze Nation voraussichtlich noch länger in Atem hält und alle anderen Schlagzeilen verdrängt (z. B. der Tod des Papstes Johannes Paul II. und die Wahl des Nachfolgers 2005), so ist es ratsam, den Termin zu verschieben. Informieren Sie Ihren gesamten Einladungsverteiler über die Terminverschiebung, nicht nur die bereits zugesagten Teilnehmer!

Generell ist der Montag für eine PK ungünstig, da in den Redaktionen die Wochenplanung festgelegt wird. Auch der Freitag ist auf Grund des Wochenendes kein Wunschtermin, es sei denn, Sie arbeiten gezielt auf eine Veröffentlichung in den Wochenendausgaben hin. Dienstags bis donnerstags ist es daher am wahrscheinlichsten, dass Sie für Ihre PK auch eine akzeptable Anzahl Gäste zusammen bekommen. Allerdings sind gerade deshalb auch diese Tage beliebt und unter Umständen finden Konkurrenzveranstaltungen statt. In jedem Fall sind solche eventuellen Kollisionen daher vorher möglichst umfassend zu überprüfen. Manche Termine wie die Hauptversammlung eines börsennotierten Unternehmens werden lange vorher festgelegt und können auch nicht verschoben werden.

Als Beginn bietet sich der späte Vormittag an – vorher sind meist Redaktionskonferenzen, von daher beginnen Sie nicht zu früh. 10 bis 12 Uhr sind übliche Zeiten.

4.1.3 Verpflegung

Planen Sie im Anschluss einen Imbiss, so vermerken Sie dies schon in Ihrer Einladung, damit der Redakteur entscheiden kann, ob er daran teilnimmt und seine Anschlusstermine ggf. später legen kann.

Alternativ können Sie auch vor der PK belegte Brötchen am Buffet anbieten, mit denen sich der Journalist versorgen und stärken kann. In diesem Fall sollten die Sitzreihen dann nicht nur aus Stühlen, sondern auch Tischen bestehen, auf denen der Brötchenteller abgestellt wird, damit der Gast die Hände zum Mitschreiben frei hat. Der Nachteil ist, dass Essen naturgemäß kurzfristig ablenkt und zudem kauende Gäste auch für das Plenum während der laufenden Pressekonferenz kein schöner Anblick sind – denn die Vortragenden bzw. auf dem Podest sitzenden Unternehmensvertreter sowie der Moderator essen selbstverständlich während der Veranstaltung nicht!

Vermeiden Sie ein gesetztes Essen, es sei denn, der Anlass selbst gibt dies her, ohne übertrieben zu wirken. Ein aus mehreren Gängen bestehendes Menü ist allein in der Vorbereitung aufwändig, frisst unnötig Budget und Zeit und diese ist in den allermeisten Redaktionen nicht mehr als unbedingt nötig vorhanden.

Ein leichtes Büffet oder herumgereichtes Fingerfood (aber nur solches, dass man wirklich problemlos mit einer Hand essen kann, während man in der anderen sein Glas hält – keine ausgefallenen Essensexperimente à la „Wie isst man denn *das*"?) genügt vollkommen. Alkoholfreie Getränke wie Wasser, Saft, Tee und Kaffee sollten stets ausreichend vorhanden sein, Alkohol höchstens in Form eines leichten Weines oder Proseccos zum Lunch. Vor den Redakteuren liegt noch ein langer Arbeitstag. Ihre Einladung ist im besten Fall Pflichttermin, keine Cocktailparty.

4.1.4 Veranstaltungsort

Mit der Auswahl der →*Location* steht und fällt Ihre Veranstaltung, daher sollten Sie frühzeitig mit der Suche des Ortes beginnen, der dem Anlass, dem Thema und der Größe Ihrer PK angemessen ist. Wenn Ihr Unternehmen schlechte Nachrichten verkünden muss (negatives Ergebnis, Stellenabbau im großen Stil etc.), werden Sie kaum ein Nobelhotel mit First Class-Catering aussuchen. Ebenso wenig werden Sie den mit alten Möbeln oder Nippes überfrachteten Tagungsraum eines „angestaubten" Traditionshotels wählen, wenn Sie eine bedeutende technische Innovation vorstellen möchten, sondern eher ein helles Loft mit passender Deko und ggf. unaufdringlicher Lounge-musik. Bedenken Sie stets, was der Veranstaltungsort über Ihr Unternehmen aussagen soll.

Entscheidend ist auch die Größe des Veranstaltungsraumes. Entwickeln Sie frühzeitig ein Gespür, wie relevant Ihr Thema ist, wie viele Medienvertreter also kommen könnten. Liegt Ihr Thema im Trend, ist der Anlass auch über-regional von großer Bedeutung (Ihr Unternehmen geht z. B. an die Börse) oder haben Sie ein attraktives Zugpferd (ein prominentes →Testimonial kommt), so wird der Andrang u. U. größer sein als erwartet. Die Kunst ist, dass der Raum weder aus allen Nähten platzt und die Gäste sich eine Stunde lang an der Wand drängeln müssen, noch, dass er sich als viel zu groß ent-puppt, weil weniger Presse erscheint als erwartet oder angekündigt. Letzteres ist in jedem Fall die ungünstigere Situation.

Durch exzellente Pressearbeit sollten Sie sich daher bereits im Vorfeld einen Stamm an Journalisten aufgebaut haben, auf den Sie im Zweifel zählen und bei dem Sie auch mal kurzfristig telefonisch nachhaken können, wenn zu wenige Zusagen kommen sollten. Nichts wirkt peinlicher, als ein großer, mit 50 Sitzplätzen versehener Raum, in dem dann drei einsame Redakteure sit-zen.

Achten Sie bei der Wahl des Ortes für Ihre PK auf folgende Kriterien:

- Zentrale, zumindest mit PKW und ÖPNV gut erreichbare Lage

- Gepflegte Ausstattung (keine abgewetztes Mobiliar, kein Dreck, immer lohnt auch der Blick in die Waschräume!)

- Freundliches, hilfsbereites, geschultes Personal – kennt man sich mit der Haustechnik aus? Steht ggf. ein Hausmeister zur Verfügung?

- Eine technische Minimalausstattung sollte vorhanden sein – gibt es Tele-fonapparate/-anschlüsse, Faxgerät, Beamer, Leinwand, ISDN-Zugang, ge-nügend Steckdosen, Flipchart? Je mehr vorhanden ist, desto weniger müs-sen Sie auf eigene Kosten mitbringen

- Der Raum muss im Gebäude leicht zu finden sein, falls nicht, Beschilde-rung anbringen

▪ Genug Platz für Bestuhlung und Aufbau von Arbeitstischen, Rednerpult oder -tisch, gute Sicht auf den/die Vortragenden, ggf. erhöhtes Podest aufbauen. Die Bestuhlung sollte einheitlich sein, Tische kann man mit weißer, faltenfrei gebügelter Tischwäsche bedecken (wirkt edler und rettet weniger ansprechendes Material oder eine abstoßende Farbe)

▪ Ideal sind eine Garderobe und ein Empfangsbereich vor dem Raum, in dem die Akkreditierung und hinterher das Catering stattfinden kann

Je mehr Ausstattung an Ihrem Veranstaltungsraum bereits vorhanden und damit in der Raummiete enthalten ist, umso weniger müssen Sie sich später um alles kümmern. Das spart Zeit und entlastet Ihr Budget. Achten Sie je nach Größe und Aufwand der PK ebenfalls darauf, dass Sie bereits am Abend vor der Veranstaltung bzw. früh am gleichen Morgen den Raum nutzen können, um Technik sowie Dekoration aufbauen und letzte Kontrollen vornehmen zu können. Findet vorher nämlich noch eine andere Veranstaltung statt, wird es hektisch und Sie werden schlimmstenfalls nicht rechtzeitig fertig. Buchen Sie sonst lieber zwei Tage.

4.1.5 Einladung

Je nach Anlass können Sie mit einem simplen Briefanschreiben oder einer hochwertigen gedruckten Karte einladen. Immer sollten Sie diese persönlich an den Redakteur richten und mit der Post verschicken; Einladungen per Mail sind zwar verbreitet, gehen jedoch auch schneller unter und sind weniger „wertig" als professionell gedruckte. Der Journalist soll die Wertschätzung seiner Person erkennen sowie die Wichtigkeit des Anlasses, der eine Pressekonferenz rechtfertigt. Eine Ausnahme bilden unvorhergesehene Ereignisse wie z. B. größere Krisenfälle, die unmittelbarer Information und Aufklärung bedürfen; hier rechtfertigt die Dringlichkeit natürlich auch eine Einladung per Mail oder Fax.

Überlegen Sie sich genau, wen Sie einladen. Gehen Sie Ihren gesamten Verteiler durch, der natürlich auf aktuellem Stand ist. Laden Sie Medienvertreter aus dem jeweils Ihrem Anlass entsprechenden Ressort ein: Den Finanz- oder Wirtschaftsjournalisten zur Bilanz-PK, den Feuilletonisten zur Buchpräsentation, den Lokaljournalisten zur Charityaktion des örtlichen Krankenhauses und so weiter. Nur, wenn sich Themen überschneiden oder Sie zu mehreren passenden Vertretern eines Mediums persönlichen Kontakt haben, laden Sie notfalls Redakteure mehrerer Ressorts ein, z. B. einer bundesweiten Tageszeitung. Im Zweifel wissen die Redakteure jedoch am besten, wen sie entsenden wollen. Auch so etwas wird in der täglichen Redaktionskonferenz festgelegt. Und: Laden Sie mehr Namen aus Ihrem Verteiler ein als notwendig. Die Absagequote liegt aus den verschiedensten Gründen mindestens bei einem Viertel der Einladungen, oft sogar bei der Hälfte.

Sagen sich Fotografen und/oder TV-Teams an, so holen Sie sich wenn möglich personelle Verstärkung. Beides erfordert eine längere zeitliche Betreuung durch die Foto- und Filmvorbereitungen und -aufnahmen.

Die Einladung sollte unbedingt enthalten

- Vollständigen Namen und Ressort des Redakteurs

- Thema und Anlass der PK (ggf. in größerer Schrift)

- Wer lädt ein, wer redet auf der Veranstaltung

- Datum, Uhrzeit (ggf. voraussichtliche Länge) und Ort der PK

- Besonderheiten (Catering im Anschluss? Findet die PK auf Englisch statt? Benötigt man einen besonderen Zugang, z. B. Eintrittskarte/Ausweis zum Ort?)

- Lageplan und Verkehrsanbindung, auch wenn es sich um einen vermeintlich „bekannten" Veranstaltungsort handelt – niemand soll ihn erst mühsam suchen müssen!

- Der/die Ansprechpartner samt Kontaktdaten, falls bereits vorher Fragen oder Unklarheiten auftauchen

Außerdem sollte zur Rücklaufkontrolle ein **Antwortfax** oder eine abtrennbare Karte beigefügt sein, die der Redakteur nur noch ausfüllen und zurückfaxen muss.

Auf das Antwortfax gehören:

- Am Kopf des Blattes und unübersehbar: die Rückfaxnummer

- Deadline/Anmeldeschluss – bis wann muss Rückmeldung gegeben werden?

- Zum Ankreuzen folgende Auflistung: *Nehme teil*, ggf.: *mit wie vielen Personen/in Begleitung von…* (bei größerem Event) / *nehme nicht teil, möchte aber Presseunterlagen / nehme nicht teil* (ohne Zusendung von Unterlagen! Wenn dies angekreuzt wird, unterlassen Sie auf jeden Fall die Zustellung der Pressematerialien)

- Ggf. Platz für Interviewwunsch (Eintragen: mit wem?)

- Platz für vollständige Daten des Journalisten (Vor-, Nachname, Ressort, Tel.nummer, Fax/E-Mail, Adresse

Vermeiden Sie eine ausgefallene, schwer zu entziffernde Schrift mit Schnörkeln oder Serifen, auch wenn dies „feierlicher" aussehen mag. Passend ist eine Einladung im →Corporate Design Ihrer Firma.

Führen Sie laufend eine **Zu- und Absagenliste**, damit Sie den Überblick behalten. Die Liste sollte stets das aktuelle Datum enthalten. Sie erleichtert Ihnen neben der Platzplanung auch die Organisation des Caterings – muss die Bewirtung der vorher angekündigten voraussichtlichen Teilnehmerzahl reduziert bzw. aufgestockt werden?

Umstritten ist das **Nachfassen** bei Journalisten, die sich noch nicht gemeldet haben. Manche Redakteure entscheiden sich kurzfristig, manche sind ungehalten über solche zeitraubenden Anrufe (denn Sie sind nicht der Einzige, der nachfasst). Ich empfehle wie oben erwähnt, wenigstens seine „gut bekannten" Kontakte direkt anzurufen und ansonsten einfach damit zu rechnen, dass in der Regel mehr Medienvertreter kommen als erwartet – man sollte die journalistische Neugierde nicht unterschätzen. Falls Sie trotz Sicherstellung, dass keine Konkurrenztermine am selben Tag stattfinden, bis kurz vor der Deadline kaum Zusagen bekommen, so fragen Sie beherzt und sachlich einen Ihrer besagten guten Kontakte nach dem möglichen Grund – vielleicht haben Sie einen wichtigen Konkurrenztermin übersehen, vielleicht gibt das Thema doch keine PK her? Dies sollte jedoch im Idealfall nicht passieren, da diese Punkte vorher abzuwägen sind.

4.1.6   Pressemappe

Die Pressemappe ist das Herzstück der PK, da sie alle notwendigen Informationen enthält und der Redakteur die Mappe mitnimmt. Sie sollte enthalten:

- Den *Pressetext* zur PK mit tagesaktuellem Datum der Veranstaltung; wollen nicht teilnehmende Journalisten diese Info vorab, so setzen Sie unbedingt den Vermerk „Sperrfrist bis…Datum/ggf. Uhrzeit" dazu – sonst geht Ihre Meldung bereits am Abend oder frühen Morgen über die Nachrichtenticker und der Anlass Ihrer PK hat sich erledigt

- Ggf. weitere kürzlich veröffentlichte, thematisch verwandte *Texte*

- *Hintergrundtext* zu Ihrem Unternehmen und/oder Produkt

- *Lebensläufe* aller Redner

- Die *Rede/n* der PK mit dem Hinweis „Es gilt das gesprochene Wort"

- *Foto-CD-ROM* und/oder *Fotoprints* mit Bildunterschrift

- Ausgedruckte *Präsentation* der PK

Bei einer Veranstaltung, zu der internationale Pressevertreter erwartet werden, müssen alle Unterlagen mindestens auch *in englischer Sprache* vorhanden sein!

Beliebt sind so genannte *Give-aways*, kleine Geschenke als Erinnerung an die PK und Ihr Unternehmen. Der materielle Wert der Präsente sollte jedoch nicht zu hoch sein; diese dürfen Journalisten wegen eines möglichen Vorwurfs der Bestechung dann nicht annehmen und Sie bringen sich und Ihre Gäste in arge Verlegenheit. 15 bis 20 Euro pro Person sind noch vertretbar. Üblich und nützlich sind Schreibgeräte aller Art, Regenschirme, Taschen/Mappen mit Ihrem Unternehmenslogo, Schreibblöcke, Feuerzeuge, bedruckte Kaffeetassen oder Klemmleuchten (z. B. für den Laptop). Stellen Sie ein neues Produkt, z. B. eine hochwertige Creme oder eine neue Getränkemarke vor, dürfen es auch schön verpackte Produktproben sein. Staubfänger ohne praktischen Nutzen werden in der Redaktion weggeworfen oder weiterverschenkt.

Praxistipp! Last Minute-Checkliste PK

- Fertigen Sie am Abend vor der Veranstaltung eine Teilnehmerliste mit den bisher zugesagten Gästen an, in die sich diese bei ihrem Eintreffen am Tag der PK eintragen können. Dies dient Ihrer Kontrolle (vor allem dann, wenn Sie die meisten noch nicht vom Gesicht her kennen) und ist Beweis für die tatsächliche Anwesenheit. Spontan erscheinende Journalisten tragen Sie später handschriftlich dazu.

- Kontrollieren Sie alle Pressemappen auf vollständigen, korrekten Inhalt und sauberes Aussehen (keine Eselsohren, keine verblichenen Farben, kein Knick, keine Flecken – die Mappe ist das visuelle Aushängeschild Ihres Unternehmens, das mit in die Redaktion genommen wird!).

- Seien Sie leicht erreichbar, auch mobil – viele Redakteure kommen erst am Vorabend dazu, sich mit Ihrer Veranstaltung zu befassen, haben daher noch Fragen oder sagen ab oder zu, so dass Sie eventuell umdisponieren müssen.

- Trommeln Sie alle Beteiligten zusammen, geben Sie einen kurzen letzten Stand anhand der Liste und verteilen dringend noch zu erledigende To Dos.

- Ein letzter beherzter Nachfass ist Profisache! Delegieren Sie dies nicht an jemanden, der nicht im Thema ist, da seitens der Presse immer Nachfragen über bestimmte Details kommen oder auch mal provokant gefragt wird, was denn das „Besondere" an der PK sei. Hier muss man absolut sicher antworten können und sollte diese letzte Chance auf eine Zusage nicht verspielen. Bei geringer Teilnehmerzahl sollten Sie Ihre Kontakte persönlich anrufen und letzte Zweifler mit Gewandtheit, Charme und geballter Sachkompetenz überzeugen.

- Bereiten Sie eine „Notfall-Box" vor, die Sie zu jeder PK mitnehmen können und die alles enthält, was im Eifer des Gefechts oft vergessen wird: Schere, Tapeband, Stifte, Blanko-Namensschilder, Reißzwecken, Tacker, Schnellkleber, Textmarker, leere Pressemappen, weitere Visitenkarten, Schmerztabletten und Pflaster, Verlängerungskabel usw.

- Geben Sie dem Cateringservice die aktuelle Teilnehmerzahl durch, aber lassen Sie lieber mehr Portionen vorbereiten als zu wenig. Was übrig bleibt, kann selbst gegessen oder verschenkt werden, z. B. an freundliche Helfer wie den Pförtner oder die Servicekräfte.

- Bei einer größeren Veranstaltung bereiten Sie Namensschilder vor, die Sie den Teilnehmern bei ihrer Anmeldung aushändigen.

4.1.7   Ablauf

Am Tag der Veranstaltung überprüfen Sie ein letztes Mal die Räumlichkeiten (inkl. Waschräume), die Technik und das Catering.

Werden Sie nicht nervös, wenn nicht alle Gäste überpünktlich kommen – lassen Sie vor Beginn einen kleinen Zeitpuffer von 10 bis maximal 15 Minuten.

Wenn es einen offiziellen Fototermin geben soll, so kündigen Sie vor Beginn an, ob dieser vor der PK oder im Anschluss stattfindet und wo.

Die Gäste sollten gleich beim Eintreffen, idealerweise an einem extra dafür bereitgestellten Tisch, freundlich empfangen werden und sich akkreditieren können, d.h. Eintrag in die Anwesenheitsliste und ggf. Aushändigung der Namensschilder. Teilen Sie keinesfalls bereits hier die Pressemappen aus – so mancher Journalist hat bereits dann alle Informationen, die er benötigt und verschwindet leider noch vor Veranstaltungsbeginn, was zu leeren Plätzen führt. Die Pressemappe liegt auf dem Sitz oder Tisch im Veranstaltungsraum; manchmal wird sie auch erst hinterher ausgehändigt. Journalisten mögen es aber, wenn sie während des Vortrags in ihre Unterlagen hineinschreiben können. Zumindest ein Schreibblock und ein Stift sollten als Minimalausstattung am Platz bereitliegen.

Lassen Sie genug Zeit, damit Ihre Gäste ihre Garderobe aufhängen, einen Platz suchen, sich mit Getränken versorgen und bekannte Kollegen begrüßen können. Sorgen Sie jedoch freundlich, aber bestimmt dafür, dass zu Veranstaltungsbeginn alle ihre Plätze eingenommen haben und es pünktlich losgehen kann. Trotz einer scheinbar lockeren Atmosphäre wird dies auch von Ihnen erwartet. Den Blick auf die Uhr müssen Sie die ganze Zeit über behalten, um die Veranstaltung nicht unnötig länger als geplant zu halten und bei Verzögerungen auch dem Catering ein Zeichen geben können.

Bei der Moderation – egal, ob Sie dies übernehmen oder ein gebuchter Moderator – achten Sie auf kurze, verständliche Sätze. Danken Sie allen Teilnehmern für ihr Kommen und geben einen *kurzen* Überblick über das Thema und den Ablauf der Veranstaltung. Übergeben Sie dann das Wort an den (ersten) Redner und lassen Sie dem Vortrag seinen Lauf. Greifen Sie währenddessen nur im Notfall ein, z. B. bei technischen Problemen. Versprecher sind menschlich. Korrigieren Sie den Redner unauffällig nur bei missverständlichen Äußerungen, die er nicht bemerkt – z. B. Zahlendrehern – und die bei den Zuhörern fragende Gesichter hervorrufen.

Im Anschluss an die Präsentation/en der Unternehmensleitung gibt es meist eine *Fragerunde*. Sämtliche Redner sollten so gut über Zahlen, Daten, Fakten des Unternehmens/Produktes informiert sein, dass möglichst alle Fragen freundlich, kompetent und weder ausschweifend noch allzu knapp beantwortet werden können. Sollten gänzlich neue Unternehmens- oder Produktentwicklungen oder ein komplexer technischer Zusammenhang/Innovation das PK-Thema sein und bleibt aus welchen Gründen auch immer zu wenig Zeit für ein ausführliches Briefing vor der Veranstaltung, müssen Sie im Vorfeld – und am besten auch in der Pressemappe für den Redakteur – ein →FAQ-Sheet vorbereiten. Der Erfolg einer PK ist auch Ihr Erfolg! Einen hilflos herumstotternden Unternehmensvertreter will kein Journalist sehen oder aber dies wird mit Sicherheit einen bissigen Kommentar im nachfolgenden Artikel wert sein („Besonders peinlich: Die Unternehmensführung konnte insbesondere auf kritische Fragen zu xy nicht eingehen, da es ihr offenbar an Sachkenntnis mangelte" o.ä.). Denken Sie an die psychologische Erkenntnis: *Negatives bleibt länger im Gedächtnis als Positives.*

Fragen, die einer Recherche bedürfen, also nicht sofort beantwortet werden können – das sollte die Ausnahme sein – oder exakte Zahlen oder Tabellen, die sich nicht in der Pressemappe befinden, reichen Sie noch am selben Tag nach! Schließlich sollen die Informationen am nächsten Tag in der Presse stehen.

Wenn ein Redakteur im Anschluss spontan ein Einzelgespräch mit einem der Redner oder ein Foto wünscht und damit zu Ihnen kommt, ermöglichen Sie es ihm. Machen Sie den Redakteur und den Ansprechpartner miteinander bekannt, falls nicht schon geschehen, und seien Sie beim Gespräch oder Fototermin dabei. Für ein vertiefendes Interview mit höherem Zeitaufwand verabreden Sie besser einen separaten Termin; hierzu ist auf einer PK mit vielen Gästen weder Zeit noch Ruhe. Siehe auch Kapitel 4.2 *Noch Fragen? – Das Interview.*

Beim anschließenden Buffet oder Fingerfood können Sie sich unter Ihre Gäste mischen; hier ist Zeit zum Smalltalk und meist erfahren Sie dabei wichtige Mediennews, Branchengerüchte oder ähnlich „vertrauliche" Infos früher als auf dem offiziellen Wege. Bauen Sie Ihr Netzwerk durch dieses „Socialising" weiter auf und festigen Sie so Ihre Pressekontakte. Ebenso wie ein Redaktionsbesuch (Kapitel 4.3) ist die PK eine Gelegenheit für PR-Mensch und Redaktions-Mensch, sich wiederzusehen und persönlich auszutauschen. Ihre Visitenkarten sollten für neue Kontakte übrigens entweder in der Pressemappe befestigt sein (nicht lose hineinlegen, so geht sie verloren) oder Sie tragen diese bei sich.

Stellen Sie sicher, dass alle Pressevertreter mit einer Pressemappe und ggf. einem kleinen Give-away versorgt sind, ehe sie die Veranstaltung verlassen. Verabschieden Sie sie möglichst persönlich, bekräftigen Sie, dass Sie eventuell noch fehlende oder Zusatzinfos am gleichen Tag nachliefern. Zuverlässigkeit bringt Ihnen Pluspunkte und das Vertrauen der Journalisten ein, denn: Im Zweifel wird er künftig eher Sie als den Presseverantwortlichen der Konkurrenz anrufen.

4.1.8   Nachbereitung

Zur Nachbereitung der PK gehört zunächst die Bearbeitung der gewünschten Zusatzinfos, sobald Sie wieder an Ihrem Tisch sitzen, ebenso die Kontrolle Ihres E-Mailpostfachs und der Mailbox bzw. Anrufliste Ihres Büroapparates.

Hat jemand es doch nicht zur PK geschafft und möchte nun ein kurzes Gespräch mit Ihnen oder einem Unternehmensvertreter? Wird eine Pressemappe benötigt? Sind dem Journalisten noch weitere Fragen eingefallen?

Denjenigen Journalisten, die an der PK nicht teilnehmen konnten, wird die Pressemappe nachgesandt. Schauen Sie anschließend im *Internet*, z. B., auf *Google News*, unter Ihrem Unternehmensstichwort: Haben Internetdienste oder Nachrichtenagenturen bereits die Ergebnisse der PK verbreitet? Ist Ihre eventuell geschaltete *ots-Meldung* schon in den Redaktionstickern aufgelaufen? Gerade nach einer PK sollten Sie die Medienbeobachtung für Ihr Unternehmen oder Ihren Kunden intensivieren. Sie können Ihren *Medienbeobachtungsservice* beauftragen, Meldungen über Ihr Unternehmen/Ihren Kunden statt wie regelmäßig zweimal die Woche für die Dauer einer bestimmten Zeit nach der PK (für wie lange, müssen Sie entscheiden: Bei hoher Relevanz oder großer Brisanz/Aufmerksamkeit Ihres Themas können noch zwei Wochen nach der PK Artikel auflaufen) täglich zu liefern. Das kostet dann zwar mehr, aber Sie sind schneller über Artikel in Medien informiert, die Sie nicht lesen oder erhalten. Ins Internet sollten Sie nach einer PK möglichst im Halbstundentakt schauen! Gefundene Onlinemeldungen drucken Sie gleich aus, ehe die Meldung wieder verschwindet. Bei manchen Branchendiensten, Newstickern oder Onlinemedien bleiben sie aufgrund der riesigen Nachrichtenfülle im Web nur relativ kurz online, werden oft geändert und wandern dann ins Archiv oder werden gelöscht.

War Hörfunk oder Fernsehen auf der PK anwesend, so sorgen Sie dafür, dass die entsprechenden Sendungen entweder aufgenommen werden oder Sie einen Mitschnitt bekommen. Oft wird der Beitrag bereits gesendet, wenn Sie sich noch auf Ihrer PK befinden oder sogar per Ü-Wagen live ausgestrahlt. Insbesondere öffentlich-rechtliche Sender stellen Mitschnitte ihrer Beiträge jedoch nicht (mehr) kostenlos zur Verfügung. Entweder, Sie haben gute Beziehungen zum Redakteur oder Sie müssen für einen Mitschnitt zwischen 30 und 150 Euro berappen. Im Zweifel wägen Sie die Wichtigkeit des Formats, in dem der Beitrag gesendet wurde, für Sie oder Ihren Kunden ab.

Hörfunksendungen werden oft kostenlos zum Download auf der Internetseite des Senders bereitgestellt oder lassen sich per Livestream gleich mitverfolgen (Kapitel 7.3 *Podcasts*).

Noch ein Tipp für eine stressfreie PK: Während der Veranstaltung sollte einer Ihrer Kollegen als zuverlässiges „Backoffice" fungieren und für alle Eventualitäten und Unwägbarkeiten zur Verfügung stehen, welche trotz noch so perfekter Planung immer vorkommen können – manchmal rufen Journalisten in Ihrem Büro an, weil sie den Weg zur →Location, aus welchen Gründen auch immer, nicht finden, wollen Texte gefaxt bekommen oder benötigen sofort im Anschluss ganz andere Fotos als die in der Pressemappe hinterlegten oder im Internet abrufbaren. Solche Dienstleistungen kann der vorher gut gebriefte Teamkollege (wo sind welche Dateien oder Vorlagen hinterlegt, wo finden sich alle Texte oder Fotos, die Anfahrtsskizze zum Veranstaltungsort liegt griffbereit neben dem Telefon etc.) übernehmen, ebenso die Aufnahme oder den Mitschnitt relevanter Sendungen, über die Sie ihn fortlaufend informieren, falls „spontan" Hörfunk- oder Kamerateams zu Ihrer Veranstaltung kommen sollten.

Insbesondere, wenn das Thema Ihrer PK ein breites Medienecho findet, lohnt die Erstellung eines *Sonderpressespiegels*, in dem alle Meldungen, Sendungen etc. mit Datum, Titel, Medium, Headline, Auflage aufgelistet sind. Der →Pressespiegel ist Ihr Erfolgsinstrument und -messer!

Ebenso sollte im Anschluss an die PK eine Manöverkritik stattfinden: Was ist gut gelaufen, was weniger? Was muss man beim nächsten Mal anders machen, wie war die Zusammenarbeit mit den Dienstleistungsunternehmen, hat sich der Aufwand der PK gelohnt oder nicht? Auch hier gilt: Übung macht den Meister. Eine jedes Jahr stattfindende Bilanz-PK wird Ihnen mehr und mehr zur Routine werden, da Sie Abläufe schon kennen und immer besser wissen, was die Presse von Ihnen erwartet.

Unterschätzen Sie nie die Macht der Gewohnheit, auch nicht bei Journalisten: In all Ihren Veranstaltungen sollte ein roter Faden erkennbar sein. Und rennen Sie nicht jedem Trend hinterher: Ändern Sie nicht jedes Jahr Ihr Unternehmenslogo oder zwingen Sie die Presse nicht durch die Wahl von zu ausgefallenen oder abgelegenen →Locations zu Umwegen oder Irrfahrten mit Zeitverzug.

Praxisbeispiel für eine erfolgreiche PK

Das *BAT Institut für Freizeitforschung* stellt jedes Jahr am ersten Tag der *Reisemesse* in den Hamburger Messehallen, seine Urlaubstrendstudie „Tourismusanalyse" vor. Die PK findet in einem schmucklosen Konferenzraum statt und hat den immer gleichen Ablauf. Doch sie ist von Fach- wie Publikumspresse stets überaus gut besucht, zwischen 100 und 150 Journalisten nehmen nach Auskunft des Veranstalters jährlich teil. Warum?

- Die Tourismusfachpresse ist sowieso schon auf der Messe und erreicht den Konferenzraum bequem in wenigen Minuten.
- Das Thema „Urlaub" ist attraktiv, da es fast alle angeht, darüber hinaus positiv emotional besetzt und damit Aufmerksamkeitsgarant bei der Presse und ihren Lesern; zudem ändert sich das Reiseverhalten, bedingt durch Faktoren wie politische Gesamtlage, Mobilität, Trends und finanzieller Haushaltssituation häufig.
- Es wird auf jeglichen „Schnickschnack" verzichtet, das Thema ist interessant genug, die Studie seriös. Sie wird vom anerkannten Freizeitforscher Prof. Horst Opaschowski durch Präsentationscharts vorgestellt. Anschließend gibt es eine Fragerunde, alles wird zügig durchgeführt.
- Der Veranstaltungsraum ist gut erreichbar und mit Tischen ausgestattet, auf denen die gut sortierten Pressemappen inkl. Präsentation bereit liegen.
- Eine Stärkung vor dem Messetrubel wird auf der PK gern angenommen: Es gibt ein rustikales Brötchenbüffet, Kaffee und Tee zur Selbstversorgung.
- Die thematische Verknüpfung mit dem Zigarettenhersteller BAT (*British American Tobacco*) wird subtil durch die an allen Tischen ausliegenden, kostenlosen Zigarettenpackungen (samt Streichhölzern) der Marken des Hauses demonstriert. Da heute im öffentlichen Raum immer weniger geraucht werden darf, stellt auch dieser scheinbar nebensächliche Faktor bei den rauchenden Journalisten einen nicht unwesentlichen Anreiz dar (Nachteil: die Nichtraucher werden „vollgequalmt").

4.2 Noch Fragen? – Das Interview

Das hab ich ihm dann auch verbal gesagt.

(Mario Basler zu einem Reporter)

Im Anschluss an eine Pressekonferenz bitten Journalisten manchmal um ein Interview. Doch auch ohne vorhergehende Veranstaltung wünschen Journalisten vielleicht zu einem bestimmten Thema einen Interviewtermin mit Ihnen, einem Vertreter Ihres Unternehmens, Ihrem →Testimonial oder einem Ihrer Kunden. Ein Interview, womöglich in einer bundesweiten Zeitung, einer Livesendung oder einer Hörfunk-Nachrichtensendung, ist ideal, um Ihre Botschaften medienwirksam zu platzieren. Doch es ist auch eine hohe Kunst, via Medium einen kompetenten, interessanten und sympathischen Eindruck zu hinterlassen.

Nicht jeder Ihrer Kollegen oder Kunden ist befugt, nach außen zu sprechen. Dies muss vorher genau abgeklärt werden. Idealerweise erstellen Sie eine Liste von Personen aus verschiedenen Abteilungen und in unterschiedlichen Hierarchiestufen, auf die Sie bei Medienanfragen zurückgreifen können: Neben Vertretern des Vorstands kann dies in einem Maschinenbauunternehmen z. B. der Produktionsleiter sein, der zu technischen Fragen kompetent Auskunft gibt, Fragen nach Personalbedarf, Ausbildungsplätzen oder Weiterbildung beantwortet natürlich der Personalchef, ein Meister spricht zum Fertigungsprozeß, ein Azubi wiederum kann von seiner Lehre berichten. Diese Liste mit Namen, Position, Durchwahlnummer und/oder Mailadresse sollten Sie immer griffbereit haben und ständig aktualisieren.

Praxistipp: Medientraining

Niemand ist auf Anhieb ein Medienprofi! Manchem steht schon beim Anblick eines Mikrofons der Schweiß auf der Stirn. Hier bietet sich ein Medientraining an: Ein externer Berater kommt ins Haus und schult die in Frage kommenden Personen in Realsituationen, doch auch Sender wie RTL führen Schulungen direkt im hauseigenen Studio, also sozusagen in der Höhle des Löwen, durch: vor der Kamera, bei kritischen Fragen, am Mikrofon, bei Präsentationen, aber auch in Rhetorik, Mimik, Gestik, Körperhaltung. Viele Medientrainer bieten Pakete mit einzelnen Bausteinen an, die sich individuell auf die Bedürfnisse der zu Trainierenden anpassen lassen. Vor allem Politiker nutzen seit langem diese Art der Beratung, da es für sie besonders wichtig ist, beim Wähler als kompetent, sympathisch und glaubwürdig „rüberzukommen". Selbst Details wie eine allzu bunt gemusterte Krawatte können bedeutsam werden. Die so genannten „TV-Rededuelle" von Kanzlerkandidaten, live im Studio ausgefochten und mit hohen Einschaltquoten – in den USA spätestens seit der Kennedy-Ära Tradition – sind auch in Deutschland in den letzten Jahren in Mode gekommen.

Grundsätzlich sollten Sie eine Interviewanfrage ernst nehmen und als journalistisches Interesse an Ihrem Unternehmen oder Kunden werten. Es gibt dabei aber einige Spielregeln, die je nach Mediengattung beachtet werden müssen. Daher sollten Sie als PR-Verantwortlicher möglichst auch bei jenen Interviews dabei sein, in denen nicht Sie, sondern andere Vertreter Ihres Unternehmens befragt werden. Das stört professionelle Journalisten nicht, im Gegenteil, es ist üblich geworden und auch sinnvoll: Denken Sie daran, dass vier Augen mehr sehen und vier Ohren mehr hören als zwei – wichtig für die Abstimmung im Nachgang des Interviews. Zudem können Sie den Interviewten während des Gesprächs beobachten und hinterher unter vier Augen ein Feedback geben: War sein Redetempo zu schnell? Die Gestik zu fahrig? Die Sätze zu lang? Keine Scheu, kluge Vorgesetzte oder Kunden sind dankbar für konstruktive, aufrichtige Kritik – und für Lob natürlich erst recht.

4.2.1 Vorbereitung

Immer sollten Sie im Vorfeld möglichst genau erfragen, um welches Thema es im angefragten Interview hauptsächlich gehen soll, was Ihnen der Redakteur auch bereitwillig sagen wird – keine Angst, nebulöse Allgemeinplätze wie „Es geht einfach um Ihr Unternehmen" werden Sie dabei eher nicht zu hören bekommen. Zumindest wird man Ihnen mitteilen, welcher Aspekt seine Aufmerksamkeit erweckt hat und worüber man nun im Interview Informationen aus erster Hand bekommen möchte. Zum guten Ton zwischen Journalist und PR-Profi gehört es, dass Sie sich bzw. den später Interviewten dadurch grob vorbereiten können – vielleicht recherchiert der Redakteur gerade im Vorfeld einer Messe Unternehmensneuheiten, vielleicht schreibt er einen Artikel zu Ausbildungschancen in einem Unternehmen wie dem Ihren, vielleicht sollen Sie die gerade veröffentlichten Jahreszahlen ausführlicher erläutern oder Ihr Vorstandschef mag seinen Werdegang erzählen. Themen gibt es wie Sand am Meer, seien Sie auf alles gefasst.

Sie können auch umgekehrt vorgehen: Wenn Sie (oder Ihr Chef) Ihr Unternehmen oder Produkt gern öfter in den Medien sehen wollen, stellen Sie einen Themenkatalog zusammen, den Sie der Presse nach Bedarf selbst anbieten können – doch Vorsicht, Journalisten schätzen es nur in Ausnahmefällen, von PR-lern vermeintlich spannende Themen vor die Nase gesetzt zu bekommen, die sie selbst recherchieren könnten. Sie werden mit der Zeit ein Gespür dafür entwickeln, welche Redakteure Ihnen besonders gewogen sind und auf welche Themen sie „anspringen". Es gelten in jedem Fall die gleichen Kriterien wie beim Schreiben einer Pressemeldung (vgl. *3.2.1 Wonach Medien auswählen*). Meiner Erfahrung nach wird eine exklusive Vorabinformation, auch als Interview, immer gern angenommen. Das allererste Interview zu einem bestimmten Thema im medialen Wettbewerb ist natürlich begehrt.

In der Regel wird der Redakteur Sie besuchen, nicht umgekehrt. Schaffen Sie eine ungestörte Atmosphäre, indem Sie einen ruhigen (Konferenz)raum zur Verfügung stellen. Da ein Interview logischerweise aus Reden besteht, stellen Sie ausreichend Getränke wie Wasser oder Saft sowie Tee/Kaffee bereit. Gegessen werden sollte dabei wegen der erzwungenen Pausen und der schlechten Verständlichkeit allerdings nicht. Notizblöcke und Stifte liegen auf dem Tisch, ebenso ggf. wichtige Unterlagen mit Zahlen oder Fakten, die Sie nicht im Kopf haben sowie weiteres Anschauungsmaterial. Ziehen Sie all dies nur notfalls zu Rate, die Informationen sollen von Ihnen, nicht von ausgedruckten Charts kommen. Dafür haben Sie sich schließlich gründlich vorbereitet.

Wenn Sie das Thema kennen und, so Sie nicht selbst interviewt werden, einen Gesprächspartner identifiziert haben, informieren Sie ihn über Anlass, Thema und Journalist (Name, ggf. typische Fragetechniken oder „Macken", sofern Ihnen bekannt, im →Presseverteiler nachschauen!) und stimmen Sie mit ihm Termine ab.

Praxistipp! Zeitmanagement bei Interviews

Die meisten Interviews werden eine Stunde nicht überschreiten, als Faustregel gilt jedoch, dass sie fast immer länger dauern als angekündigt. Ich habe es in der Praxis jedenfalls noch nie erlebt, dass die Gespräche vor der vereinbarten Zeit beendet waren, auch wenn gesagt wurde: Es dauert nicht länger als eine knappe Stunde. Freuen Sie sich über das rege Interesse an Ihrem Unternehmen und sorgen Sie daher dafür, dass Sie bzw. der ausgewählte Gesprächspartner hinterher noch einen ausreichenden Zeitpuffer von ca. 30 Minuten haben. Man kann vorher nie sagen, wie spannend das Gespräch wird und in welche Richtung es sich entwickeln wird – das Interview mit nervösem Blick auf die Uhr und dem Hinweis auf einen Folgetermin abzubrechen, gilt als unhöflich und ist ausnahmsweise Spitzenmanagern und internationalen „Superstars" vorbehalten, was die Presse zähneknirschend als kleineres Übel in Kauf nimmt – weil man sonst gar keinen Termin bekommt. Journalisten sind Profis und werden versuchen, ihren und Ihren Terminplan nicht allzu sehr durcheinander zu bringen. Ein gewisses Entgegenkommen kann jedoch von Ihnen erwartet werden.

Zum Interviewtermin erscheinen Sie selbstverständlich pünktlich, gut gelaunt und angemessen gekleidet, das gilt auch beim Hörfunkinterview, obwohl man Sie da nicht sieht! Ein Lächeln kann man heraushören, da man dann anders spricht als mit ernster Miene, und Ihre „Arbeitskleidung" – Anzug bzw. mindestens Jackett beim Mann, Hosenanzug oder Kostüm bei der Frau (besonders im TV: kein Minirock!) drückt Respekt aus für den Journalisten bzw. das Medium, das er vertritt und macht einfach selbstsicherer.

Wie erzielen Sie für die verschiedenen Mediengattungen nun die besten Resultate?

4.2.2 Printinterviews

Ein Printinterview meint ein Gespräch, welches später in gedruckter Form zu lesen sein wird – in der Zeitung, der Zeitschrift, einem Buch oder auch online. Es meint kein Interview, dessen Fragen vorher schriftlich eingereicht werden, obwohl dies – vor allem per E-Mail – zunimmt. Dies ersetzt jedoch nicht die persönliche Konfrontation und die Gesprächsatmosphäre, die den Journalisten später beim Schreiben bewusst oder unbewusst beeinflussen wird und die besonders bei Reportern der „alten Schule" geschätzt wird. Ein schriftliches oder auch telefonisches Interview empfehle ich nur im Notfall, etwa wenn sich partout kein Termin finden lässt oder der Redakteur aus irgendeinem Grund nicht persönlich vorbei kommen kann oder will, z. B. da er in den USA sitzt und der Reiseaufwand zu hoch wäre.

■ Wenn Sie nicht selbst interviewt werden: Greifen Sie nicht ständig in das laufende Gespräch ein, es sei denn, Sie werden direkt gefragt, sollen Fakten ergänzen oder müssen offensichtlich Falsches korrigieren. Ein Interview ist, so viele Menschen es nach der Veröffentlichung auch lesen werden, zunächst ein beinahe intimes Gespräch zwischen zwei Personen, bei umfangreicheren Interviews, bei denen mehrere Fachthemen berührt werden, kommen auch mal zwei Journalisten, vor allem bei den großen Magazinen (z. B. stern, *SPIEGEL, Focus*, nachzulesen am Anfang oder Ende des Textes: „Das Gespräch führten ...“). Sorgen Sie also für Ausgewogenheit: ein Journalist, der ungefragt auf vier Vorstandsvertreter trifft, wird irritiert reagieren.

- Bei Printinterviews läuft fast immer ein Tonbandgerät mit, manche Journalisten machen sich aber auch nur handschriftliche Notizen. Insbesondere in letzterem Fall kann es bei der anschließenden Interviewabschrift zu verfälschenden Aussagen kommen. In den allermeisten Fällen sind dies verzeihliche, unbeabsichtigte Fehler, die Sie nicht persönlich nehmen dürfen, sonst kann die Abstimmungsatmosphäre kippen und der Text wird erst recht nicht so, wie Sie ihn sich wünschen. Vereinbaren Sie vorher, dass Sie das Interview zum Gegenlesen bekommen. Auch dies ist üblich und wird vom seriösen Journalisten zumeist selbst angeboten, da sachlich falsche Aussagen seine Glaubwürdigkeit in puncto Recherche und Auffassungsgabe kontaminieren. Verlassen Sie sich aber nicht darauf, dass Sie die Abschrift in jedem Fall erhalten, sondern sprechen Sie diese Bitte klar aus – der Journalist erwartet dies oft sogar von Ihnen, so sind nun mal die Spielregeln.

- Erzählen Sie etwa vertrauliche Informationen, die für das Verständnis wichtig sind, mit denen Sie jedoch nicht zitiert werden wollen, so kündigen Sie dies vorher unmissverständlich mit journalistisch gängigen Formulierungen an: „Das Nächste sage ich Ihnen →'unter drei'“ bzw. zeitgemäßer, „Das ist jetzt aber 'off the records'“, also bei ausgeschaltetem Tonbandgerät. Seriös arbeitende Journalisten, die aus beruflicher Neugierde eh immer interessiert an „geheimen“ Infos sind, werden dies in der Regel respektieren und sich bei Gelegenheit mit einer weiteren wertvollen Insiderinformation an Sie revanchieren. Machen Sie hiervon jedoch nicht allzu oft Gebrauch, der Journalist möchte die spannendsten Infos schließlich veröffentlichen! Auch hier werden Sie nach einer gewissen Zeit herausfinden, wem Sie was anvertrauen können und von wem Sie welche Infos erhalten. Verpönt sind jedoch: offensichtliches „Tratschen“, das Verraten von Geschäftsgeheimnissen und persönliche Angriffe nicht anwesender Personen!

■ Klären Sie vorab, ob Fotos gemacht werden sollen. Manchmal kommt ein Fotograf mit, der vor, nach und/oder während des Interviews Fotos des Interviewten in einer typischen Pose oder einer gestellten Alltagssituation machen soll. Diesen erhöhten Zeitaufwand müssen Sie dann einplanen, zumal Fotografen meiner Erfahrung nach einige Zeit benötigen, bis sie das nach ihrem Gefühl „richtige", das Thema treffende Motiv gefunden haben. Wenn Sie also beispielsweise ein Maschinenbauunternehmen sind und das Interview in einem Raum Ihres (für den Fotografen langweiligen) Verwaltungsgebäudes stattfinden soll, überlegen Sie vorher, ob Sie das Interview nicht in Ihre Produktionsstätte verlagern, an der es auch etwas zu sehen gibt und sich viel leichter typische Motive finden lassen. Notfalls haben Sie einige Requisiten da, die sich symbolträchtig einsetzen lassen, bei einer Airline wäre dies bspw. ein Flugzeugmodell – wenig originell, aber für den Fotografen besser als nichts. Die letztendliche Entscheidung über die Fotomotive obliegt dabei aber dem Redakteur, der den Fotografen beauftragt hat! Es ist aus Zeit- und Kostengründen die Ausnahme, dass zwei Termine stattfinden, einer für Aufnahmen und einer für das Interview selbst.

■ Konzentrieren Sie sich während des Interviews genau – jeder Satz, jede Äußerung für sich kann eine Schlagzeile werden. Kontrollieren Sie Ihren Redefluss. Wer ins monotone Plaudern gerät, bietet dem Schreiber die Gelegenheit, sich mit Unwichtigem, Nebensächlichem oder Vertraulichem zitiert zu finden. Ein Interview sollte stets ein ausgewogener Dialog sein.

■ Wenn Sie trotz guter Vorbereitung auf manche Fragen keine Antwort wissen bzw. Ihnen Daten oder Zahlen fehlen oder entfallen sind, so notieren Sie sich diese und kündigen Sie dem Redakteur an, dass Sie dies gern nachreichen. Ist der Journalist mit dem Gespräch zufrieden, wünscht aber für die Hintergrundrecherche noch Zusatzinformationen, so schicken Sie ihm diese in Kenntnis des Zeitdrucks, unter dem die meisten Journalisten stehen, ebenfalls sofort zu.

■ Nach dem Gespräch schreibt der Journalist an Hand seiner Notizen und Aufzeichnungen den Interviewtext zusammen und schickt Ihnen seine Abschrift wie besprochen zum Gegenlesen zu. Dies ist eine Gefälligkeit seinerseits, er muss dies im Hinblick auf die Pressefreiheit streng genommen nicht tun! Betrachten Sie dies also als ein freiwilliges Entgegenkommen und lesen Sie sich die Abschrift sorgfältig durch: zunächst den ganzen Text wegen des Gesamteindrucks, dann jede Frage und Antwort einzeln. Ihre Aufgabe ist es nicht, Rechtschreib- oder Grammatikfehler anzustreichen, das macht der Schlussredakteur beim finalen Redigieren. Sie dürfen und sollen *sachliche* Fehler korrigieren – und nur diese. Sind alle Zahlen korrekt? Sind Äußerungen aus dem Zusammenhang gerissen worden und stimmen nun nicht mehr? Sind Fachausdrücke falsch verwendet oder geschrieben? Wenn Sie die Abschrift als Word-Dokument per Mail zugesandt bekommen, so nehmen Sie Ihre Korrekturen im Änderungsmodus vor, damit man sie nachverfolgen und Missverständnisse ausschließen kann. Außerdem können Sie Kommentare einfügen, wenn Ihre Änderungen nicht auf den ersten Blick verständlich sein sollten, insbesondere bei technischen Zusammenhängen oder komplexen Vorgängen. *Sie* sind Experte auf Ihrem Fachgebiet, auch bei bester Recherche kann es vorkommen, dass der Redakteur etwas falsch oder ungenau wiedergibt. Er wird es Ihnen also danken, wenn Sie ihn ohne großen Aufhebens unterstützen.

- Für alle Korrekturen gilt die journalistische Regel: *Kürzer immer, länger nimmer.* Streichen dürfen Sie gern, jedoch nichts hinzufügen, da der Redakteur das Interview schon in die ihm genau vorgegebene Länge, d.h. eine bestimmte Wörter- oder Zeilenanzahl, eingepasst hat. Es ist daher unprofessionell und für den Redakteur ärgerlich, wenn Sie Sätze oder gar ganze Absätze ergänzen, es sei denn, Sie haben dafür einen triftigen Grund – z. B. dass der Sachverhalt ohne Ihre Ergänzung unklar bleibt. In dem Fall greifen Sie auch mal zum Telefon und besprechen dies mit dem Journalisten oder Sie erläutern es kurz in der ihm zurückgesandten Mail. Er wird entscheiden, wie sich das Problem lösen läßt.

- Wenn Sie eine Äußerung, die Sie während des Interviews gesagt haben, aus verschiedenen Gründen komplett zurücknehmen möchten oder – z. B. im Hinblick auf ein Geschäftsgeheimnis – müssen, so dürfen Sie diese streichen. Machen Sie davon nur sparsam Gebrauch. Sie sollten schon im vorhergehenden Gespräch wissen, womit Sie zitiert werden wollen und womit nicht. Wenn nicht Sie, sondern ein Vorgesetzter oder Kollege interviewt wurde, hat selbstverständlich dieser das Recht am eigenen Wort, was bedeutet, dass er die komplette Abschrift ebenfalls zugeschickt bekommt und eigene Änderungen vornehmen kann. Meine Vorgehensweise in diesem Fall: Ich bekomme das Interview vom Journalisten, lese es durch und nehme bereits Korrekturen vor, die mir auffallen und die ich entsprechend kennzeichne. Danach schicke ich sie an den Befragten weiter, der seine Korrekturen einfügt und mir diese zurückschickt. Bei Unklarheiten besprechen wir das nochmals, ansonsten sende ich es dem Redakteur zurück. So geht keine Information verloren oder bleibt auf der Strecke. Aus Sicht

Ihres Kunden oder Unternehmens sind Sie als Öffentlichkeitsarbeiter für die finale Version verantwortlich!

▪ Lesen Sie sich abschließend das gesamte Interview nochmals durch: Ergeben alle Antworten immer noch einen Sinn? Hat sich durch eine Korrektur eventuell der Anschluss an die nächste Frage geändert und passt nicht mehr? Sind allzu vertrauliche Informationen entfernt? Dann senden Sie den Text zurück.

Erfragen Sie vor dem Interview oder spätestens bei dessen Abstimmung, wann das Interview voraussichtlich veröffentlicht werden soll. Lassen Sie sich bei gedruckten Interviews am Erscheinungstag oder wenn möglich, schon vorher, ein Belegexemplar durch die Redaktion oder den Verlag schicken; bis Sie das Interview durch Ihren Medienbeobachtungsdienst zugesandt bekommen, kann es ein paar Tage dauern. Sollte dies nicht möglich sein, kaufen Sie sich die besagte Ausgabe am Erscheinungstag, sofern Sie diese Publikation nicht ohnehin beim täglichen →Medienmonitoring lesen.

4.2.3   Hörfunkinterviews

Bei einem Hörfunkinterview gibt es je nach Betrachtungsweise einen offensichtlichen Vor- bzw. Nachteil: Man ist nicht zu sehen. Das ist von Vorteil, falls Sie nervös sind, von der Anfrage überrascht wurden, nicht „angemessen" gekleidet sein sollten oder vor einem Rundfunkmikrofon weniger Redehemmungen haben als vor einer Fernsehkamera. Es ist aber auch ein Nachteil, da Sie Ihre Äußerungen nicht sichtbar gestisch oder mimisch unterstreichen können und Ihre Worte mit Bedacht wählen müssen. Bei einem telefonischen Interview ruft der Redakteur Sie aus dem Studio an und Sie machen vorher ein paar Sprachübungen, damit Ihre Stimme ausgesteuert werden kann. Wegen des Funks sollten Sie immer von einem Festnetzanschluss, nicht vom Handy telefonieren. Schalten Sie ein sich eventuell im Raum befindliches Mobiltelefon aus, da es sonst zu unangenehmen Störungen/Rückkopplungen kommen kann. Auch sollte es nicht während des Interviews plötzlich läuten. Oft möchte der Hörfunkreporter auch einen O-Ton in typischer Geräuschkulisse haben, z. B. aus Ihrer Fertigungshalle. Dann verabreden Sie sich dort mit ihm. Informieren Sie – das gilt auch für das TV-Interview – dort arbeitende Kollegen immer über den Interviewtermin, damit alle Bescheid wissen und andere, störende Geräusche, z. B. ein laut anfahrender LKW, während dieser Zeit möglichst unterbleiben.

▪ Bei einem Live-Interview kann nichts herausgeschnitten werden. Jedes Räuspern, jedes „Äh" geht eins zu eins über den Sender. Überlegen Sie sich kurz, wie Sie die gestellte Frage beantworten wollen, sprechen Sie immer langsam und verständlich und vermeiden Sie zu langes Zögern, Bandwurmsätze oder unnötige Füllwörter. Wenn Sie sich versprechen, ist dies menschlich, wiederholen Sie dann das Wort oder den Satz. Bringen Sie jeden Satz zu Ende und lassen ihn nicht in der Luft hängen.

▪ Frauen und Männer mit hoher Stimme sollten ggf. ein Stimmtraining machen und lernen, etwas tiefer zu sprechen. Man hat herausgefunden, dass eine tiefe Stimme auf den Zuhörer sympathischer, kompetenter und angenehmer wirkt.

▪ Alles, was man nicht sehen kann, was aber für das Verständnis Ihrer Äußerungen wichtig ist, müssen Sie erläutern, auch deutlich hörbare Hintergrundgeräusche, sofern der Moderator dies nicht tut (Frage: „Wo befinden wir uns gerade?" – Antwort: „Wir stehen jetzt in unserer gerade eingeweihten Testhalle, hier werden die neuesten Modelle getestet, wie gerade jetzt zu hören ist...").

▪ Nennen Sie den Interviewer beim Namen und schauen Sie ihn, nicht das Mikrofon, an. So entsteht eine lebendige Frage-und-Antwort-Situation. Achten Sie auf eventuelle Handzeichen oder das Mienenspiel Ihres Gegenübers, welches z. B. signalisiert, dass Sie zum Ende kommen sollten.

▪ Wird das Interview nicht live gesendet, sondern aufgezeichnet, so dürfen Sie Sätze abbrechen, sich versprechen und auch einmal ins Stocken geraten. Ihre Äußerungen werden später im Studio digital bearbeitet und von jedem Misston, jedem Räuspern oder Stocken gereinigt. Legen Sie beim Sprechen daher genügend Pausen ein, damit das Schneiden hinterher leichter ist. Wollen Sie wichtige, aber längere Informationen unterbringen, verwenden Sie den Aufzählungstrick: „Erstens, zweitens, drittens". So kann nichts herausgeschnitten werden, denn es fiele auf, wenn nach Punkt Eins plötzlich schon Punkt Drei folgt.

▪ Streuen Sie während des Gesprächs ein- bis zweimal Ihren vollständigen Unternehmens- oder Produktnamen ein. Sie machen schließlich PR für die eigene Sache; es sei denn, der Interviewer bittet Sie vorher ausdrücklich darum, keine Markennamen zu nennen, was vor allem bei öffentlich-rechtlichen Sendern der Fall sein kann (gilt auch für TV). Vermeiden Sie wie bei einem guten Pressetext jedoch allzu werbliche Äußerungen, wenn Sie den Journalisten wiedersehen wollen.

■ Auch von Ihrem Hörfunkinterview können Sie einen Beleg anfordern: als →Podcast im Internet oder als Audio-CD.

4.2.4   Das TV-Interview

Das Fernsehinterview ist die „Königsklasse" der Interviewformen, es wird am häufigsten in Medientrainings geübt. Zu Recht: Neben dem Gesagten registriert der Zuschauer auch Details Ihrer Mimik, Ihrer Körpersprache, Ihres Aussehens und macht sich daraus sein eigenes Bild. Viele Menschen verkrampfen daher unwillkürlich, wenn sie eine Fernsehkamera, Scheinwerfer und Mikrofone auf sich gerichtet sehen – das Lampenfieber setzt ein. Wir bewundern Politiker, die, gewohnt, komplexe Sachverhalte zu erläutern oder sich kritischen Fragen zu stellen, scheinbar souverän vor die Kameras treten. Doch lassen wir uns nicht täuschen: Diese Souveränität ist oftmals das Ergebnis intensiver Medientrainings und wird erst mit wachsender Zeit im Amt Routine. Über die Jahre können wir als Zuschauer bei vielen Politikern beobachten, wie sich ein immer professionellerer Umgang mit Medien abzeichnet. Und Sie als künftiger PR-Profi können dies ebenfalls erlernen.

Auch bei TV-Interviews gibt es Live-Sendungen oder -schaltungen, doch selbst bei der *Tagesschau* werden diese oft kurz vor der Sendung aufgezeichnet. Aber wagen Sie sich erst nach einem intensiven Medientraining oder mehreren aufgezeichneten Interviews an eine Live-Sendung. Sie wollen ja hoffentlich nicht auf die Art eines Guy Goma berühmt werden.

Bei einem Live-Interview müssen Sie sich besonders gut vorbereiten. Wenn Ihnen aus Ratlosigkeit der Schweiß auf der Stirn steht, kommt das nicht gut an. Sowieso sollen Sie immer die Wahrheit sagen, dies gilt besonders vor dem unerbittlichen Kameraauge! Kaum jemand hat seine Körpersprache so gut unter Kontrolle, dass Ausflüchte oder Lügen nicht auffallen. Es gibt untrügliche Anzeichen für die Unwahrheit: Die Körpertemperatur steigt – man errötet, berührt sich unwillkürlich häufiger im Gesicht (fasst sich z. B. an die Nase, da diese bei steigender Körpertemperatur stärker durchblutet wird und daher zu kribbeln beginnt – die sprichwörtliche „lange Nase" ist also gar nicht so abwegig), die Körpersprache vom Kopf abwärts wird dagegen auf ein Minimum reduziert, da sich der Lügner so sehr auf seine Lüge konzentrieren muss. Der Blick wird starr, man blinzelt seltener und weicht dem Blick des Gegenübers aus.

Erinnern Sie sich an Bill Clintons scheinbar aufrichtige Aussage vor den TV-Kameras, „I did not have sexual relations with that woman, Miss Lewinsky"? So sehr der damalige US-Präsident sich als Medienprofi auch bemühte, die Öffentlichkeit davon zu überzeugen, dass er *keine* Affäre mit seiner ehemaligen Praktikantin hatte – Körpersprache-Profis konnten an Hand seiner abgehackten Gesten und dem starren Blick sofort erkennen, dass er nicht die Wahrheit sagte, er wirkte bei diesem Satz wie eingefroren. Ganz anders die Situation, als Clinton später die Affäre, ebenfalls vor laufenden Kameras, zugeben musste: Mit gesenktem Kopf saß er hinter seinem sicheren Schreibtisch verschanzt und schaute treuherzig zur Kamera auf. Die späte Ehrlichkeit rettete Mr. President dann gerade noch vor einer Amtsenthebung.

Wie macht man also einen guten Eindruck im Fernsehen? Damit kann man ganze Bände füllen, hier einige Basics in Kürze:

- *Das Äußere*: Selbstverständlich ist Ihre Kleidung sauber und knitterfrei. Notfalls ziehen Sie sich in der Garderobe oder einem Waschraum um. Medienprofis haben immer eine Ersatzgarderobe am Arbeitsplatz. Wählen Sie als Mann kein gestreiftes, gemustertes oder kleinkariertes Hemd oder eine ebensolche Krawatte, das flimmert im Fernsehen. Frauen tragen keinen übertriebenen, protzigen Schmuck. Die Haare sollten mit Haarspray etwas fixiert sein, insbesondere vor einem künstlichen Hintergrund wirken sie sonst abstehend.

- *Die Rhetorik*: Im Fernsehen sprechen Sie wie beim Hörfunkinterview: in klaren, verständlichen Sätzen. Für den Zuschauer ggf. unbekannte Fachausdrücke oder Fremdwörter erläutern Sie bitte, sonst wirken Sie unverständlich und überheblich. Sprechen Sie ab und zu in Bildern, geben Sie anschauliche Beispiele. Vorsicht bei vermeintlich lustigen Anekdoten oder Witzen zur Auflockerung. Nicht umsonst ist kaum etwas so schwierig wie gute TV-Comedy, überlassen Sie das lieber einem versierten Harald Schmidt und seinen Gagschreibern. Verlieren Sie auch bei kritischen Fragen nicht die Fassung, der Moderator tut nur seine journalistische Pflicht. Nichts ist langweiliger als eine völlige Übereinstimmung zwischen den Gesprächspartnern, das gilt insbesondere für Talkrunden, bei denen jeder Gast vereinfachend für eine bestimmte Weltanschauung stehen soll. Provokante Fragen gehören dazu. Oft fragt Sie der Moderator vorher fairerweise sowieso, wie weit er gehen darf, was Sie ehrlich beantworten sollten. Das macht er nicht aus reiner Menschenfreundlichkeit, sondern um vor allem während Live-Sendungen keine unangenehmen Überraschungen zu erleben, etwa, dass Sie sprachlos sind und mit offenem Mund dasitzen oder überfordert in Tränen ausbrechen (ist alles schon passiert). Lassen Sie den anderen möglichst ausreden. Wenn Sie etwas nicht kommentieren wollen, bellen Sie nicht mit finsterer Miene und verschränkten Armen „kein Kommentar", da dies brüsk und abgedroschen klingt. Der Zuschauer hat längst gelernt, dass dieser Standardsatz oft für unangenehme Wahrheiten steht, die man nicht zugeben will. Sagen Sie lieber freundlich, aber bestimmt, dass Sie sich dazu derzeit leider nicht äußern können oder wollen.

■ *Körpersprache und -haltung:* Schauen Sie Ihren Gesprächspartner an, nicht direkt in die Kamera, das verletzt die journalistische „Wir tun jetzt mal so, als ob wir unter uns wären"-Regel. Sie wenden sich schließlich nicht wie in einem Wahlwerbespot direkt an die Zuschauer. Vermeiden Sie hektische, fahrige Bewegungen, das mag die Kamera nicht. Sitzen Sie aufrecht, versinken Sie nicht in Ihrem Stuhl oder Sessel und atmen Sie ruhig. Falls Sie stehen, stellen Sie beide Beine fest auf den Boden, das „erdet" und gibt Halt. Achten Sie darauf, dass Sie beim Sprechen nicht die Hand vor den Mund legen, sich nicht zur Betonung des Gesagten auf das Revers klopfen (da sitzt das Mikro) und Ihr Gesicht nicht mit den Händen abschirmen. Wenn das Mikro ausfällt oder rauscht, werden Sie nicht nervös; es wird sofort ein Tontechniker kommen und das Problem beheben.

4.3   On the Road again: Redaktionsbesuche

Eine sehr gute und meist unterschätzte Möglichkeit, um Medienkontakte zu pflegen oder neue aufzubauen, ist der persönliche Besuch in der Redaktion. Ich halte diese Maßnahme für sehr empfehlenswert und zwar aus folgenden Gründen:

■ Sofern Sie den Journalisten noch nicht persönlich kennen, haben Sie bei einem Redaktionsbesuch oder einer →Redaktions-Roadshow die Gelegenheit, den so oft angeschriebenen Namen aus Ihrem →Presseverteiler endlich einem Gesicht zuzuordnen (Sie sollten von den bekannteren Journalisten Deutschlands sowieso wissen, wie sie aussehen, aber Sie haben wohl kaum mit einem Stefan Aust oder einem Helmut Markwort zu tun und wenn Sie es bis zu diesen geschafft haben, brauchen Sie keine Anleitung mehr). Umgekehrt sind Sie für den Pressevertreter nicht nur mehr irgendeine Telefonstimme oder ein gesichtsloser Absender von Pressemitteilungen, sondern eine Person aus Fleisch und Blut. Falls Sie den Redakteur schon länger kennen, frischen Sie auf einem Redaktionsbesuch Ihre Bekanntschaft auf.

▪ Auf größeren Presseveranstaltungen bleibt meist nicht genug Zeit, auf jeden anwesenden Medienvertreter einzugehen. Im Einzelgespräch können Sie dies nachholen und intensivieren.

▪ Wenn eine Pressekonferenz oder ein Event aus Zeit- oder Budgetgründen nicht möglich ist oder es der Anlass einfach nicht hergibt, so können Sie Ihre Neuigkeiten trotzdem vorstellen, ausführlich darüber informieren und vor Ort gleich „testen" lassen. Das kostet nichts und schafft Vertrauen.

▪ Sie haben im Idealfall endlich einmal die Möglichkeit, herauszufinden, was den Journalisten *wirklich* interessiert, unter welchem journalistischen Aspekt er Ihr Produkt/Ihre Dienstleistung/Ihr Unternehmen sieht und in welchem Kontext er es einordnet.

▪ Indem Sie sich Zeit für einen Besuch nehmen, zeigen Sie, dass Sie die Belange des Journalisten ernst nehmen und seine Arbeit oder auch ihn als Person schätzen.

▪ In gewissem Sinne führen Sie ein Verkaufsgespräch, dessen Ziel es ist, Ihre News in die Medien zu bringen. Die Kunst ist, es nicht so aussehen zu lassen. Das erfordert einiges Fingerspitzengefühl, doch man lernt dabei großartig, wie Medien „ticken". So trainieren Sie den Umgang mit Journalisten hautnah – an vielen unterschiedlichen Fallbeispielen, Situationen und Typen.

Doch damit kommen wir auch zu den ungeschriebenen Regeln: Missbrauchen Sie den Besuch auf gar keinen Fall als günstige Gelegenheit, Ihr Produkt oder Ihr Unternehmen anzupreisen. Wenn Sie auftreten wie ein drittklassiger Vertreter, haben Sie das Vertrauen des Journalisten verspielt, und es gibt nicht wenige Fälle, wo eine allzu plumpe Anbiederung eine negative Berichterstattung nach sich zog, nach dem Motto „Jetzt erst recht". Nicht zuletzt sind solche Einzelfälle leider auch oft der Grund, dass Vorurteile und ein gewisses Misstrauen gegen vermeintlich geschwätzige und aufdringliche PR-Vertreter bestehen bleiben.

4.3.1 Vorbereitung und Durchführung

Als PR-Neuling sollten Sie zunächst einen erfahrenen Kollegen begleiten und sich Wichtiges von ihm abgucken. Ein Besuch zu zweit stört die Redakteure meist nicht, wenn ein weiterer Besucher vorher angekündigt wird. Dabei sollten Sie sich ergänzen. Entweder, der eine Kollege führt das Wort und der andere wirft Zusatzinformationen ein oder beide wechseln sich dialogisch ab. Dazu sollten Sie sich vorher gut absprechen und zusammen üben – das macht sicherer und es gibt weder peinliche Pausen noch zwei Personen, die sich gegenseitig ins Wort fallen. Oftmals sitzen auch zwei oder drei Redakteure oder Assistenten mit im Gespräch. Es sollte nur, wie umgekehrt auch beim Interview, eine gewisse Ausgewogenheit herrschen – drei PR-Gesandte, die auf einen einsamen Journalisten einreden, sind schlicht zuviel. Fragen Sie den Redakteur einfach vorher, wer voraussichtlich dabei sein wird.

Was Sie noch beachten sollten, damit Ihr Besuch für beide Seiten ein Erfolg wird:

■ *Schaffen Sie einen medienwirksamen Anlass.* Sie haben einen stressigen Alltag. Doch Journalisten stehen mindestens ebenso unter Druck und wollen keine Zeit mit sinn- und ziellosem „Geplauder" vergeuden. Fast immer erkundigen sich die Medienvertreter daher bereits bei der telefonischen Terminvereinbarung, warum Sie in die Redaktion kommen möchten. Wenn es in ihren Augen nichts wirklich Relevantes gibt, so verzichten sie auf ihren Besuch und fordern stattdessen einfach Presseunterlagen an. Sie sollten also wirkliche Neuheiten im Gepäck haben, z. B. ein neues Produkt oder einen neuen Service, Ideen für eine Medienkooperation usw. und bereits im Vorfeld die wichtigsten Fragen beantworten können. Ein Redaktionsbesuch bei einem gewieften Journalisten, der unter Umständen nicht besonders erpicht darauf ist, schon wieder einen PR-Vertreter zu empfangen, ist kein Kaffeekränzchen, sondern Business für beide Seiten.

■ *Vereinbaren Sie frühzeitig einen Termin.* Und dies, wie oben erwähnt, am besten telefonisch. Warum? Wenn Sie den Journalisten noch nicht kennen, hören Sie schon mal seine Stimme, seine Grundhaltung Ihnen gegenüber und seinen Grad an Interesse. Dies ist wichtig für die Vorbereitung des Gesprächs – muss ich diesen Menschen erst überzeugen oder ist er schon entgegenkommend? Meist sind Redakteure lange vorher ausgebucht mit Terminen für Pressekonferenzen oder -gespräche, nicht jeden Tag in der Redaktion oder befinden sich auf Presse- bzw. Recherchereise und sind für

Wochen nicht erreichbar. Hier gilt: je früher, je besser. Wenn Sie im Sommer ein neues Deodorant lancieren wollen – einem Zeitraum, an dem die Wahrscheinlichkeit einer Berichterstattung über dieses Produkt entsprechend hoch ist – so besuchen Sie die Redaktion spätestens im Frühjahr, besser schon zum Jahresbeginn, damit die Nachricht nicht zu spät kommt, um sie ins Blatt zu nehmen. Wie immer sind die Vorlaufzeiten der einzelnen Medien genau zu beachten (siehe Kapitel 3.5), und es wird natürlich am ehesten über Neuigkeiten geschrieben, die zum Zeitpunkt eines Abdrucks auch noch welche sind und nicht Schnee von gestern.

- *Seien Sie organisiert.* Zur besseren Koordination Ihrer Besuche erstellen Sie eine Liste, in die Sie eintragen, wen Sie wann zu welcher Uhrzeit besuchen, wer Ihr Kontakt ist und welche Fragen oder Resultate sich aus Ihrem Besuch ergeben. Diese Liste wird nach jedem Redaktionsbesuch aktualisiert. So behalten Sie auch bei Terminverschiebungen den Überblick und vermeiden peinliche Verwechslungen. Unvorhergesehenes müssen Sie dagegen immer in Kauf nehmen. Mit etwas Improvisationsgeschick, einer Prise Charme und viel Souveränität kann Ihnen das jedoch nur Pluspunkte einbringen. Wenn Sie anfangs etwas nervös sind, können Sie dies auch ruhig zugeben, zumal bei Ihren ersten Besuchen. Journalisten mögen entwaffnende Offenheit lieber als ein gekünsteltes, affektiertes Auftreten.

- *Wählen Sie die Medien genau aus, die Sie besuchen wollen.* Sie sollten nur Ihre Schlüsselmedien besuchen und zwar die wichtigsten zuerst. Wenn die Beautyredakteurin einer auflagenstarken Frauenzeitschrift so begeistert von Ihrem neuen Produkt ist, dass sie es unbedingt als erste abdrucken möchte, haben Sie gleich einen Erfolg zu verbuchen. Falls nein, bleiben andere auf Ihrer Terminliste. Im Idealfall verteilen Sie die Medien auf mehrere Tage (z. B. Hamburger und Münchner Medien) und machen eine →Redaktionsroadshow. Viele Redaktionen der großen Verlagshäuser liegen sowieso nah zusammen – teilweise im gleichen Gebäude, so dass Sie mit geschickter Terminplanung an einem Tag fünf bis acht Redaktionen bewältigen können. Die Besuche sollten nicht länger als eine halbe Stunde dauern. Und: Ein- bis zweimal pro Jahr reicht vollkommen.

- *Bereiten Sie sich gut auf den Besuch vor.* Klingt wie eine Selbstverständlichkeit, aber Journalisten als Frageprofis wollen naturgemäß möglichst viel über Ihr Produkt oder Ihr Unternehmen wissen. Da ist es unangenehm, wenn Sie zwar Ihr Sprüchlein aufsagen, aber darüber hinaus nicht viel mehr Informationen liefern können bzw. kritischen Fragen aus Unkenntnis oder Furcht vor etwaigen „Enthüllungen" ausweichen. Jeder Redakteur

tickt anders und will andere Fragen beantwortet haben: Was ist das Besondere an dem Produkt? Wer soll es kaufen und warum? Was ist denn daran
so neu? Gibt es Konkurrenzartikel? Sind die Inhaltsstoffe auch für Allergi-
ker verträglich? Was ist da alles drin? Wo wird es hergestellt? Ist es auch
schon im Ausland erhältlich? Seit wann? Wo kann ich das kaufen? Was
kostet es? Wenn Sie gewisse Fragen beim besten Willen nicht gleich beantworten können, so notieren Sie sich diese genau und beantworten Sie
nach Ihrer Rückkehr ins Büro am gleichen, spätestens am nächsten Tag per
E-Mail oder telefonisch. Denken Sie daran, dass vielleicht gerade diese
noch fehlende Information *der* Aufhänger sein könnte, warum darüber berichtet wird. Versäumen Sie diese Mühe also keinesfalls. Zur optimalen
Vorbereitung gehört natürlich auch, dass Sie alle notwendigen Presseunterlagen, Anschauungsmaterialien, Fotos oder ein Produkt dabei haben, um
Ihre Neuigkeit vor Ort vorzustellen. Aber übertreiben Sie es nicht, sonst
veranstalten Sie eine Materialschlacht, verheddern sich in Ihren Unterlagen und ermüden Ihr Gegenüber.

■ *Beachten Sie die Signale des Gesprächspartners.* Will er schnell zum
Punkt kommen und nur die drei wesentlichen Fakten wissen, so verärgern
Sie ihn nicht mit einem Wortschwall und viel Sitzfleisch, sondern erfüllen
Sie ihm diesen Wunsch. Manchmal ist entgegen der Absprache doch zu
wenig Zeit für einen Besuch von mehr als zehn Minuten oder vielleicht
überzeugen Ihre Neuigkeiten nicht auf Anhieb – fast immer ist das nicht
persönlich gemeint. Im Gegenteil, Journalisten schätzen Ihr professionelles Verständnis, da Sie wissen sollten, wie unbeständig und unvorherseh-
bar das mediale Tagesgeschäft ist. Entdecken Sie dagegen echte Begeiste-
rung, so sollten Sie die positive Stimmung nutzen, um ggf. eine Medienkooperation oder ein Exklusiv-Interview zu vereinbaren. Doch:

■ *Drängen Sie sich und Ihr Produkt oder Unternehmen niemals auf.* Wie
schon erwähnt, dient der Redaktionsbesuch in erster Linie der Initiierung,
Festigung oder Auffrischung des persönlichen Kontakts. Platte Werbebotschaften, leere Worthülsen wie „So ein super Produkt hat es noch nie gegeben" oder gar „Wann können wir mit der Berichterstattung rechnen und
wie groß wird der Artikel?" sind fehl am Platz und führen eher zu einer
Verschlechterung des Verhältnisses. Fragen Sie sich einfach, was *Sie* über
Ihre Neuheit wissen und später lesen wollen würden und was Sie als Ziel
aus dem Besuch mitnehmen möchten.

▪ *Bleiben Sie im Gedächtnis.* Manchmal wird ein kleines Geschenk mitgebracht, z. B. das neue Produkt oder ein passendes Give-away. Ihr neues Produkt zu Demonstrationszwecken mitzubringen und gleich dazulassen – in manchen Redaktionen wird es im eigenen Studio fotografiert – ist in Ordnung. Beachten Sie jedoch unbedingt die Angemessenheit weiterer Geschenke, um den Redakteur nicht in den Ruch der gekauften Berichterstattung oder gar Bestechung zu bringen. Zu aufwändige, teure Geschenke lehnen Journalisten auch meist ab. Eine witzige symbolische Idee, die zu Ihrem Unternehmen passt, wird dagegen sicher gern angenommen und bleibt haften. Siehe 4.1.6 *Pressekonferenz.*

▪ *Unterschätzen Sie nicht Ihre äußerliche Wirkung.* Insbesondere bei Lifestylemedien wird schnell registriert, ob Sie das Produkt, Ihren Kunden oder Ihr Unternehmen glaubwürdig vertreten oder nicht. Wenn Sie also eine Trend-Brause bei einer Jugendzeitschrift vorstellen, darf Ihr Outfit ruhig legerer sein, als wenn Sie einem Wirtschaftsredakteur die Jahresstrategie Ihres börsennotierten Industrieunternehmens erklären wollen. Der Besuch bei der Beautyredaktion einer hochwertigen Frauenzeitschrift, um ein luxuriöses Make-up zu präsentieren, setzt ein gepflegtes Äußeres unbedingt voraus. Was immer Sie auch tragen: Sie sollen glaubwürdig und selbstsicher „rüberkommen".

4.3.2 Erfolgskontrolle

Ihr Besuch hat zu keiner prompten Veröffentlichung geführt? Sie und/oder Ihr Kunde sind enttäuscht? Macht nichts. Machen Sie sich und ihm klar: Ein Redaktionsbesuch ist kein Garant für Coverage, sondern eine weitere, gute Möglichkeit, Medienkontakte zu pflegen und Pressearbeit so nahbar wie möglich professionell zu betreiben. Wenn Sie immer daran denken, dass PR langfristig ist, dann werden sich Ihre Besuche auszahlen. Ich selbst war oftmals angenehm überrascht, wie viele Journalisten, die ich früher regelmäßig, dann aber länger nicht besucht hatte (z. B. da ich in der Agentur eine Zeitlang für andere Kunden tätig war, für die andere Ressorts relevant waren), sich noch an mich erinnerten und wie unkompliziert es war, die vielleicht etwas vernachlässigten, aber nie vergessenen Kontakte zu reaktivieren. Plus: Eine Karte zu Weihnachten oder zum Geburtstag des Redakteurs und auch mal ein Anruf, wenn man nichts will, sondern eine exklusive News für ihn hat, wirken Wunder und halten die Bekanntschaft aufrecht.

5. PR begins at home: Interne Kommunikation

5.1 The times they are a-changin' – Interne Kommunikation gestern und heute

Unternehmenskommunikation beginnt nicht erst vor der eigenen Haustür, sondern bereits innerhalb der vier Wände des Unternehmens. Diese Kommunikation nach innen wird als *interne Kommunikation* bezeichnet.

Viele Pressestellen betreiben eine exzellente Medienarbeit. Der Lokalreporter wird stets über die Geschehnisse am Standort informiert, die Wirtschaftszeitung erhält die neuesten Unternehmenszahlen immer pünktlich – doch wissen auch die eigenen Mitarbeiter, was in ihrer Firma, in der sie acht oder mehr Stunden ihres Tages und viele Jahre ihres Lebens verbringen, so vorgeht? Könnten sie beispielsweise auf Anhieb die wichtigsten Unternehmensleitlinien, seine Werte und Prinzipien, benennen? Haben sie die aktuellen Kennzahlen oder das Thema der letzten Pressemeldung parat oder wissen sie, woher sie diese bekommen können? Kennen sie ihren eigenen Beitrag für dieses Unternehmen? Können sie mit einem Satz sagen, was das Unternehmen so besonders macht? – Kommunikation muss nicht nur nach außen, sondern auch von und nach innen wirken, wenn sie funktionieren soll.

Wenn der Chef früher seine Mitarbeiter über wichtige Vorgänge informieren wollte, schickte er ihnen ein Rundschreiben. Oder die Kollegen schauten auf das Schwarze Brett und hörten außerdem, was der Flurfunk an Gerüchten und Neuigkeiten lieferte. Weitere Informations-Tauschbörsen waren (und sind!) die Weihnachtsfeier im Winter und der Betriebsausflug im Sommer. Doch diese heute fast archaisch anmutende Art der internen Kommunikation reicht schon lange nicht mehr aus. Zum einen sind die Arbeitsabläufe und die Kommunikation durch den Computer, das Internet, durch Handies, *Blackberries* und E-Mailverkehr immer schneller geworden, Mitarbeiter tauschen sich kritisch in →Blogs aus. Informationen verbreiten sich rasanter und sind theoretisch überall verfügbar. Das hat die Kommunikation aber gleichzeitig komplexer und für viele Menschen daher nicht mehr durchschaubar gemacht. Um das bekannte Gorbatschowzitat abzuwandeln: Wer zu spät (an Informationen) kommt, den bestraft das Leben.

Zum anderen hat sich der Arbeitsmarkt gravierend verändert. Statt wie früher möglichst von der Ausbildung zur Rente in einem einzigen Unternehmen zu arbeiten, wird der Arbeitsplatz heute (freiwillig oder unfreiwillig) öfter gewechselt; Patchwork-Lebensläufe – drei Jahre in diesem Unternehmen, zwei in jenem, zwischendurch mal ein *Sabbatical* oder eine Auszeit – früher bei Personalverantwortlichen verpönt, sind heute nicht selten. Dadurch geht manch langjähriges Wissen über die Firma, aber auch die Verbundenheit mit dem Unternehmen verloren, ganz zu schweigen von einer allgemeinen Unsicherheit – Fusionen sind an der Tagesordnung, die ganze Führungsspitze wird ausgewechselt, Stellenabbau betrieben, das Unternehmen geht an die Börse und wächst international. Das schürt massive Ängste und ist auf lange Sicht schädlich für das Unternehmen: Mitarbeiter, welche die Beweggründe ihres Arbeitgebers für bestimmte Entscheidungen nicht nachvollziehen können, werden diese nicht mittragen, sondern blockieren. Sie fühlen sich eher gemobbt und werden häufiger krank, dadurch entsteht jährlich ein wirtschaftlicher Schaden in Milliardenhöhe.

Den Mitarbeitern in ihrem Unternehmen eine „innere Heimat" zu schaffen, in der sie sich wohl fühlen, ist daher aus psychologischer ebenso wie aus betriebswirtschaftlicher Sicht eine notwendige unternehmerische Führungsaufgabe.

5.2   Organisation und Aufgabe der internen Kommunikation im Unternehmen

Die interne Kommunikation bildet in größeren Unternehmen eine eigene Abteilung oder ein eigenes Team in der Pressestelle. In kleinen und mittelständischen Betrieben sind die interne und die externe Kommunikation dagegen meist aus einer Hand. Beides hat Vor- und Nachteile. Im ersten Fall kann sich das interne Kommunikationsteam voll und ganz auf die Planung und Umsetzung der Mitarbeiterkommunikation konzentrieren. Dies setzt jedoch voraus, dass die „Internen" immer auch über die externen Vorgänge, die in der Pressestelle zusammenlaufen und koordiniert werden, im Bilde sind, es in Strategie und Umsetzung also einen regen, kontinuierlichen Informations- und Meinungsaustausch gibt. Denn auf gar keinen Fall darf nach innen und nach außen unterschiedlich kommuniziert werden. Das untergräbt die eigene Glaubwürdigkeit und hinterlässt bei den Mitarbeitern das Gefühl, dass sie nicht ernst genommen werden, was sich schnell per Mundpropaganda verbreitet: „Die da oben erzählen uns was ganz anderes als der Presse", „Die reden einem nach dem Mund und hinter unserem Rücken machen sie dann doch was anderes" usw.

Diese Problematik fällt weg, wenn die interne und externe Kommunikation von denselben Verantwortlichen gemacht wird. Der Nachteil ist jedoch u. U., dass durch einen hohen Zeitaufwand für die PR nach außen (Presseanfragen beantworten, Pressekonferenzen organisieren, Unternehmensmeldungen verfassen, Termine wahrnehmen u.v.m.) die interne Kommunikation vernachlässigt wird und nicht die Aufmerksamkeit bekommt, die sie verdient.

5.3   Was muss die interne Kommunikation leisten?

In Zeiten rigider Einsparungen werden bedauerlicherweise auch die Mittel für die interne Kommunikation gekürzt – nach dem Motto „die Hochglanz-Kundenzeitschrift ist wichtiger als das Mitarbeiterblatt". Gleichzeitig wächst trotz geringer Budgets die Erwartungshaltung der Unternehmensführung gegenüber der internen Kommunikation. Hier müssen die Kommunikationsverantwortlichen ständig Transparenz schaffen, was diese eigentlich bedeutet und welchen Nutzen sie hat. Und auch darüber aufklären, was interne Kommunikation *nicht* leisten kann – nämlich Wunder vollbringen. Die interne Kommunikation ist immer nur so gut wie der Informationsfluss im Unternehmen! Wenn die Unternehmensspitze die interne Kommunikationsabteilung über wesentliche Vorgänge, einschneidende Veränderungen etc. nicht oder viel zu spät informiert, kann die Kommunikation nach innen nicht nach den Bedürfnissen der Mitarbeiter geplant und durchgeführt werden. Allzu häufig geschieht das immer noch auf Zuruf: „Ach ja, wir haben dieses und jenes beschlossen, schreiben Sie das mal eben für die Mitarbeiter zusammen". Doch Mitarbeiter müssen frühzeitig in die Unternehmensprozesse einbezogen werden: Interne Kommunikation muss prozess- nicht ergebnisorientiert sein.[20]

---

20 Herbst, Dieter, „Interne Kommunikation im Wandel", Vortrag am 07.02.2006 in Wiesbaden.

Pure Information reicht da allein nicht aus. Oft fehlt das Hintergrundwissen für bestimmte Vorgänge oder Entscheidungen, und fast immer fragt sich der Mitarbeiter: Was hat dies jetzt für unmittelbare Auswirkungen auf mich und meinen Arbeitsplatz, meine Funktion in der Firma, meine Abteilung? Sie lösen beim Empfänger Ihrer Information eine ganze Lawine an Gefühlen aus, und das sind nicht immer die, welche die Unternehmensführung sich wünscht. Interne Kommunikation ist weit mehr als Information.

Wenn Führungskräfte jedes Unternehmensbereichs ihre Mitarbeiter frühzeitig, ehrlich und regelmäßig informieren, es eine offene Kommunikationskultur gibt, so hat dies positive Auswirkungen auf das Selbstbild des Unternehmens und somit auch auf das Fremdbild. Kunden, Dienstleister, Geschäftspartner werden dies spüren und weitertragen, und so entsteht das gute Gesamtbild, das *Image* Ihrer Firma. Imagepflege fängt intern an.

5.3.1   Drei Schritte: Information – Involvement – Implementierung

Sie können noch so oft predigen, wie modern und attraktiv das neue Unternehmenslogo aussieht – wenn Sie nicht *informieren*, warum Ihr Unternehmen überhaupt ein neues Logo braucht, warum gerade jetzt und warum es so aussieht, wie es aussieht, identifiziert sich der Mitarbeiter nicht damit und letztlich der →Corporate Identity. Information allein reicht nicht.

Das Zauberwort heißt *Involvement*, d. h. die Einbeziehung der Mitarbeiter: Sie können sie aufrufen, Vorschläge und Ideen für das neue Logo einzubringen, z. B. im Intranet. Sie lassen über die drei besten Entwürfe abstimmen. Sie interviewen den Leiter der Marketingabteilung oder den Geschäftsführer, warum ein neues Logo her muss und in welchen Schritten der Prozess vonstatten gehen wird. Sie kramen im Archiv und zeigen, dass sich Ihr Logo seit der Gründung des Unternehmens vor 120 Jahren schon dreimal geändert hat, mit der neuesten Entwicklung also nur der Erneuerungsprozess fortgeführt wird. Auch, wenn letztlich die Unternehmensführung über das finale Design des neuen Logos entscheiden wird: Wichtig ist, dass die Kollegen am Entscheidungsfindungsprozess beteiligt wurden und ihnen das Gefühl gegeben wurde, ernst genommen zu werden. Sie werden zu wichtigen Multiplikatoren ihres Unternehmens.

Natürlich werden nicht ausnahmslos alle Mitarbeiter alle Entscheidungen mittragen oder immer die Ansichten der Unternehmensspitze teilen. Aber es gehört zu den Aufgaben der Unternehmenskommunikation, auch unbequeme

Wahrheiten mit Fingerspitzengefühl zu kommunizieren und eine Diskussion ins Rollen zu bringen. Das müssen Sie ja auch der Presse gegenüber leisten. Erst, wenn dieser Pflicht Genüge getan wurde, können guten Gewissens die Maßnahmen *implementiert* werden.

Wenn Sie sich diese Notwendigkeiten verinnerlicht haben, können Sie mit der konkreten Planung der internen Kommunikation beginnen.

Praxistipp!

Machen Sie auch intern keine Zwei-Klassen-Kommunikation – Sie sind bei der internen Kommunikation nicht das Sprachrohr der Unternehmensleitung, sondern aller Mitarbeiter. Arbeiten Sie daher eng mit der Personalabteilung, und wenn vorhanden, auch mit dem Betriebsrat zusammen. Themen, die dort auflaufen und deren Relevanz Sie als hoch einschätzen, müssen Sie jedoch der Unternehmensführung mitteilen, am besten schon mit Lösungsansätzen.

5.3.2 So planen Sie Ihre interne Kommunikation

Um die interne Kommunikation den Bedürfnissen Ihres Unternehmens und seiner Mitarbeiter gemäß anpassen zu können, müssen Sie im Grunde nur die Schritte aus dem Konzeptionskapitel befolgen (Kapitel 2). Unterschiede gibt es z. B. in der Zielgruppe – das sind generell alle Mitarbeiter, doch Sie können auch diese in einzelne *peer groups* aufspalten: Führungskräfte, Auszubildende, Vertriebsmitarbeiter usw.

Auch für den internen Kommunikationsansatz beginnen Sie mit einer Bestandsaufnahme; dabei ist weniger wichtig, wie sich das Unternehmen nach außen darstellt – Position am Markt, Wettbewerbssituation etc. – sondern es geht vielmehr darum, herauszufinden, wie die Kommunikation in Ihrem Unternehmen überhaupt funktioniert, welche Schwachstellen und Informationssackgassen es gibt. Stellen Sie sich dabei folgende Fragen:

- *Wie sind die internen Informationshierarchien?* Ist sie horizontal, also abteilungsübergreifend, oder erfolgt sie eher vertikal, also von oben nach unten? Kurz: Wer spricht mit wem?

- *Ist ein Unternehmenskodex oder eine -philosophie vorhanden?* Sind Leitlinien definiert und für die Mitarbeiter abrufbar?

▪ *Gibt es inoffizielle Netzwerke*? Welche? Wer hat zu ihnen Zugang?

▪ *Welche Kommunikationswege gibt es?* Wie beschaffen sich Mitarbeiter notwendige Informationen und wo?

▪ *Gibt es Informationslücken?* An welcher Stelle und warum?

▪ *Wie sehen die Mitarbeiter ihr Unternehmen?* Dazu sollten sie ausgewählte Kollegen aus verschiedenen Bereichen direkt fragen; das hat nichts mit „Aushorchen" zu tun – als für die interne Kommunikation Verantwortlicher sollten Sie immer ein offenes Ohr für Lob & Kritik der Kollegen haben.

▪ *Wer macht was?* Sie müssen Ihr Unternehmen kennen und zumindest grob über die Aufgaben der einzelnen Bereiche und/oder Abteilungen Bescheid wissen.

Die Bestandsaufnahme ergibt, wo es im Unternehmen in der Kommunikation „hakt". Leiten Sie aus den Ergebnissen dieser Fragen konkrete Aufgabenstellungen ab. Anhand obiger Beispiele also:

▪ *Wie sind die internen Informationshierarchien?*

Aufgabenstellung: Wenn es dort hakt, muss ggf. eine Neuausrichtung stattfinden

▪ *Sind ein Unternehmenskodex oder eine -philosophie bzw. Leitlinien vorhanden?*

Ergebnis A: Nein, gibt es nicht.

Aufgabenstellung: Die Leitlinien müssen definiert werden, um das Selbstbild des Unternehmens überhaupt fixieren zu können. Dies muss natürlich in Zusammenarbeit mit der Unternehmensleitung geschehen.

Ergebnis B: Ja, gibt es, diese wird aber nicht gelebt.

Aufgabenstellung: Woran liegt das? Mögliche Gründe herausfinden: Veraltet, unklar, den Mitarbeitern nicht bekannt, da z. B. im Intranet nur schwer zu finden etc. Ggf. Modifizierung der Leitlinien in Zusammenarbeit mit den Führungskräften (Workshop?).

▪ *Gibt es inoffizielle Netzwerke? Welche? Wer hat dazu Zugang?*

Ergebnis: Es gibt einige dieser Netzwerke in diesen oder jenen Bereichen.

Aufgabenstellung: Definieren der inoffiziellen Informationswege. Überlegen, wie man diese transparent machen kann.

▪ *Welche Kommunikationswege gibt es?*

Aufgabenstellung: Hinterfragen, ob diese ausreichen: Mitarbeiter befragen, ggf. Fragebögen entwickeln, bisherige Kommunikationsmittel auf den Prüfstand stellen.

▪ *Gibt es Informationslücken?*

Ergebnis: Ja, an folgenden Stellen und aus folgenden Gründen (mangelnde technische Ausstattung, kein Zugang zum Intranet, Standort ist „zu weit weg" etc.) …

Aufgabenstellung: Lücken schließen, Lösungen finden, wie diese Schwachstellen an das Kommunikationsnetzwerk angebunden werden können.

▪ *Wie sehen die Mitarbeiter ihr Unternehmen?*

Aufgabenstellung: Aus Ergebnissen von der Befragung Stärken und Schwächen aufzeigen (SWOT-Analyse) und Strategien entwickeln.

▪ *Wer macht was?*

Aufgabenstellung: Schnittstellen im Unternehmen erkennen, die Sie vorher noch nicht bedacht haben; diese müssen in die Kommunikation einbezogen werden.

Stellen Sie einen *Maßnahmenkatalog* zusammen, der auf die internen Kommunikationskanäle Ihres Unternehmens zugeschnitten ist. Im Folgenden werden die gängigsten internen Medien vorgestellt.

5.4   Beispiele: Medien der internen Kommunikation

5.4.1   Intranet

Vor allem in internationalen Unternehmen spielt das Intranet – das firmenin-
terne Online-Portal – eine immer größere Rolle. Die Mobilität der Arbeits-
welt nimmt zu, man arbeitet weltweit oder auch von zu Hause aus und ist nur
noch über die Online-„Nabelschnur" mit seinem Unternehmen verbunden.
Daher muss es das Intranet leisten können, eine Unternehmenskultur auch
virtuell zu (er)leben und eine funktionierende interne Kommunikation zu
ermöglichen. Als schnelles, ortsunabhängiges Medium entwickelt sich das
Intranet immer mehr zu einer integrierten Arbeitsplattform[21] (z. B. E-Mail,
Instant Messaging, Videokonferenzen) und wird somit interaktiver, ähnlich
dem →Web 2.0 im Internet. Das Intranet ist jedoch vom Internet unabhängig,
d. h. ich kann mich über das Intranet ins Internet einloggen, nicht aber umgekehrt.

Im Intranet abrufbar sind z. B.

- Unternehmens-News, die bei Bedarf täglich aktualisiert werden können
- Datenbanken, z. B. weltweites Telefonverzeichnis, Bestellverkehr
- Unternehmensinterne Dokumentationen und Vorlagen
- Telekommunikation: Einwahl ins Telefonnetz, Videokonferenzen
- Exchange: Firmen→blogs, Instant Messaging, →Podcasts
- Anweisungen zur Arbeitssicherheit

5.4.1.1 Technische und organisatorische Anforderungen

Bei der Einrichtung und Pflege eines Intranets arbeiten Sie eng mit Ihrer IT-
Abteilung zusammen. So genannte →Content Management Systeme (CMS),
z. B. Typo3-Datenbanken, ermöglichen geschulten Intranetverantwortlichen
die relativ unkomplizierte und schnelle Veränderung einzelner Seiten. Diese

---

21 Vgl. Anm. 20.

Systemnutzungsrechte und –applikationen müssen Sie kaufen; unter Umständen werden Sie insbesondere in der Anfangsphase von einem externen Dienstleister betreut. Die technisch Ihren Bedürfnissen entsprechende Anwendung herauszufinden, sollte vorrangig Aufgabe der Unternehmens-IT sein. Manchmal gab es in einzelnen Bereichen schon vor einem Firmen-Intranet webbasierte Applikationen, welche der IT bekannt sind oder von dieser selbst eingerichtet wurden.

Trotzdem gilt, dass das Intranet nicht (nur) Sache Ihrer EDV-Abteilung ist, sondern insbesondere inhaltliche Entscheidungen, welche Informationen wie aufbereitet werden, eine Aufgabe der internen Kommunikation ist. Der Aufwand zur Pflege des Intranets darf nicht unterschätzt werden. Veraltete Inhalte müssen stetig aktualisiert oder ins Archiv gestellt, Neuigkeiten zügig online gebracht, auf Kritisches muss umgehend reagiert werden.

Es empfiehlt sich daher, eine interne Projektgruppe, eine „Task Force Intranet" einzurichten, in der die Aufgaben genau verteilt sind. Personalangelegenheiten betreut wie gewohnt die Personalabteilung, für Dokumentationen ist Ihr Qualitätsmanagement verantwortlich, bestimmte Kollegen aus Ihrem IT-Bereich sind erste Ansprechpartner bei technischen Problemen usw. Alle Mitglieder dieses Teams und u. U. auch ausgewählte Führungskräfte anderer Abteilungen müssen ausreichend im Umgang mit dem Intranet geschult werden.

Insbesondere in der Anfangsphase sollten Sie sich genau überlegen, welche Möglichkeiten Ihr Intranet den Mitarbeitern überhaupt bieten soll. Ist ein Firmenblog sinnvoll oder überflüssig? Erlauben die Unternehmensrichtlinien bzw. die Arbeitsverträge überhaupt das Chatten per *Instant Messaging*? Wie weit sollen diese Netzwerke kontrolliert werden? Verzichten Sie notfalls auf zweifelhafte Angebote – einmal initiiert und dann wieder zurückgezogen, hinterlässt dies den Eindruck: Man will uns kontrollieren, jetzt dürfen wir bald gar nichts mehr. Beziehen Sie auch den Betriebsrat in die Planungen eines Intranets intensiv mit ein!

Das Intranet ist wie das Internet nicht statisch, sondern entwickelt sich ständig weiter. Manche Unternehmen, z. B. die *Deutsche Bahn AG*, können bereits auf mehrere Versionen zurückblicken; das erste offizielle Intranet „bahn.net" entstand 1999, seit 2004 ist Version Nummer drei online, deren Modifikation u. a. auf Mitarbeiterbefragungen basiert. 60.000 Bahn-Mitarbeiter können bahn.net nutzen.

Die stetige Weiterentwicklung und Verfeinerung des Intranet-Angebots bedeutet neben dem zeitlichen Aufwand aber auch einen Kostenfaktor, der ebenfalls nicht zu unterschätzen ist. Erarbeiten Sie auch hier Lösungsmöglichkeiten zusammen mit dem externen Dienstleister und Ihrer EDV. Wenn Ihr Unternehmen international ausgerichtet ist, müssen Sie für die nicht-deutschsprachigen Mitarbeiter eine oder mehrere Versionen in weiteren Unternehmenssprachen einführen, sonst fühlen sich die betreffenden Kollegen zu Recht ausgegrenzt. Mehrsprachigkeit erfordert ebenfalls erhebliche Kosten, die von Anfang an eingeplant werden sollten.

5.4.1.2 Design

Generell sollte das Intranet-Design, wie Ihre Firmenhomepage auch, an die →Corporate Design-Vorgaben Ihres Unternehmens angelehnt sein, um eine schnelle Identifikation und einen einheitlichen Markenauftritt – auch intern! – zu gewährleisten. Wenn Sie z. B. später Ihr Logo oder Ihren Internetauftritt überarbeiten, müssen Sie ggf. auch das Intranet ganz oder teilweise neu gestalten; ein veraltetes Design wirkt unglaubwürdig und ist gerade für das schnelle Medium Intranet fatal, da die User zu dem Schluss kommen werden, dass die Inhalte dann auch nicht auf dem neuesten Stand sein können.

Gegebenenfalls müssen Sie einen „Styleguide" mit Designvorgaben erstellen, wie er bereits für Ihre Unternehmens-CD oder das Internet vorhanden ist.

Auch im Intranet ist eine einfache Navigation unabdingbar. Die User haben verschiedene Absichten, wollen sich aber alle schnell informieren, z. B. wie die Durchwahl des Kollegen in London lautet, wo sie Reisekostenabrechnungen finden oder welche Funktion Herr Meier am Standort München bekleidet. Die erste Seite sollte also übersichtlich und ansprechend gestaltet sein und problemlos zu den verschiedenen Links führen. Eine Sitemap wie im Internet ist hier hilfreich. Fotos und Illustrationen lockern das Gesamtbild übrigens wesentlich auf!

5.4.1.3 Inhalte

Der große Vorteil des Intranets ist seine Schnelligkeit; außerdem entwickelt es sich wie auch die CMS-Systeme im Internet stetig weiter. Das bedeutet, dass auf die Pflege der Inhalte besondere Sorgfalt verwendet werden muss, damit es auch seinen Sinn erfüllt und nicht nach kurzer Zeit einem verstaubten Archiv ähnelt, bildlich gesprochen. Andererseits erwarten die User, wie bei einer Mitarbeiterzeitschrift auch (siehe 5.4.2), eine gewisse Wiedererkennung. Wöchentlich wechselnde Rubriken und ständige Umbenennungen machen die Recherche im Intranet mühsam statt einfach. Überlegen Sie sich in Ihrer Projektgruppe und vor Implementierung des Intranets, welche Inhalte unverzichtbar und welche „nice to have" sind. Kleinere und mittlere Unternehmen brauchen keine wartungsintensiven pompösen Seiten mit überflüssigen Spielereien.

Beispiele für mögliche Inhalte (Themen, Rubriken)

▦ Unternehmensdaten: Historie, Leitlinien, Daten & Fakten

▦ Arbeitsplatz & Organisation, Bürokommunikation

▦ Aktuelle Pressemitteilungen

▦ Informationen der Geschäftsführung

▦ Mitarbeiterzeitung zum Download oder als Link und Archiv

▦ Programmhinweise (z. B. wenn das Unternehmen in einem kommenden TV-Beitrag Thema ist)

▦ Unternehmensinterne Veranstaltungen & Termine (Betriebsfest; Treffen von Betriebssportgruppen, Arbeitskreisen, Hobby-Gruppen etc.)

▦ Branchen- und Wettbewerbernachrichten; Links zu Verbänden und Gewerkschaften

▦ Unternehmens-Newsticker

▦ Aktuelle Projekte und Hintergründe dazu

▦ Informationen des Betriebsrats

▦ Suchfunktionen (z. B. Suche im Web oder im Intranet)

▦ Freizeittipps (Ausflugsziele, Termine, Buch- und Filmkritiken …)

Führen Sie auch zum Thema Intranet regelmäßige Mitarbeiterbefragungen durch.

Auf wichtige Informationen im Intranet sollte außerdem per Rundmail hingewiesen werden, z. B. bei einer Vorstandsinformation. Nicht alle Kollegen lesen das Intranet regelmäßig.

5.4.2 Mitarbeiterzeitung

Die Mitarbeiterzeitung ist eines der klassischen Instrumente zur Verbreitung unternehmensinterner Nachrichten. Ihre Auflagen überflügeln in großen Unternehmen die vieler Lokalzeitungen: der *Lufthanseat*, die Mitarbeiterzeitung der Lufthansa AG, hat beispielsweise eine Auflage von stolzen 75.000 Exemplaren. In einem Unternehmen mit über 90.000 Mitarbeitern weltweit gibt es natürlich auch eine Fülle an Themen – die 12-seitige Zeitung erscheint wöchentlich. Da das Luftfahrtunternehmen international ist, ist der *Lufthanseat* zweisprachig (deutsch/englisch).

Im Zeitalter von Intranet oder Unternehmens-TV kommt die Mitarbeiterzeitung in manchem Unternehmen zunehmend auf den Prüfstand: altbacken, durch das Drucken viel zu teuer, zu aufwändig, mit einem Wort: überflüssig. Dem stehen jedoch Charakteristika gegenüber, die für sie sprechen: Eine Intranetseite kann man nicht anfassen wie eine Zeitung, nicht mit nach Hause nehmen, um auch Familienangehörige oder Freunde daran teilhaben zu lassen. Nicht alle Kollegen haben zudem regelmäßig Zugang zum Intranet oder anderen Online-Angeboten. Eine „richtige" Zeitung kann man dagegen überall verteilen oder auslegen, und Gedrucktes bleibt stehen. Online-News sind dann oft schon ins Archiv gewandert oder gelöscht. Eine Zeitung wird aufbewahrt und mehrmals sowie von mehreren Personen gelesen. Sie ist durch das haptische Erleben einfach nahbarer und die Mitarbeiter identifizieren sich in der Regel (noch) stärker emotional mit einer Zeitung als mit Online-Tools. So wie Bücher nicht aussterben, nur weil es E-Books gibt, oder Tageszeitungen trotz des Internets weiterhin bestehen werden, so wird auch die gute alte Mitarbeiterzeitung weiterleben.

Wie Sie auch mit einem kleinen Budget eine Mitarbeiterzeitung planen und umsetzen können, folgt hier.

Praxistipps! Mitarbeiterzeitung

▪ Wenn Sie erstmals eine Mitarbeiterpublikation planen, achten Sie auf Angemessenheit in Umfang und Erscheinungsweise. Beides muss in Relation zu Ihrer Unternehmensgröße stehen: Ein kleines bis mittelständisches Unternehmen braucht kein wöchentlich erscheinendes dickes Heft. Sie werden sonst Mühe haben, die Seiten jede Woche aufs Neue zu füllen. Entscheiden Sie sich lieber für ein vier- bis sechsmal jährlich erscheinendes Magazin, dann haben Sie außerdem mehr Zeit für die Redaktionsplanung der Themen.

▪ Beziehen Sie Dienstleister wie einen Grafikdesigner oder eine Agentur mit ein, um das Format (Zeitung, →Tabloid, Magazin, Faltblatt..?), das passende Layout und die an Ihr →Corporate Design angelehnte Gestaltung zu entwickeln. Sie werden mit der redaktionellen Arbeit an Ihrer Ausgabe genug beschäftigt sein, das Einpassen der Texte und Bilder ins Layout können Sie externen Profis überlassen. Arbeiten Sie mit der Druckerei zusammen, die z. B. auch Ihre Firmenprospekte druckt und Ihre CD-Farben kennt, um möglichst keine Abweichungen im Druck zu haben.

▪ Dem Titel Ihrer Zeitung kommt aufgrund des Identifikationspotenzials eine besonders hohe Bedeutung zu. Fragen Sie sich vorher: Was möchte ich mit dem Namen zum Ausdruck bringen? Passt er zu unserer Unternehmensphilosophie und -geschichte? Eine Firma, die auf ihre Tradition stolz ist, wird sicherlich keinen unverständlich-flippigen Titel wählen. Die Mitarbeiter sollen sich mit der Zeitung identifizieren. Vielleicht gibt es ein Corporate Wording, einen Spitznamen für Mitarbeiter und auf den diese stolz sind? Der Name *Lufthanseat* z. B. stammt aus der beinahe liebevollen Bezeichnung der LH-Mitarbeiter für sich selbst und zeigt, dass die Lufthansa-Mitarbeiter sich zu einer großen Unternehmensfamilie zugehörig fühlen. Zur Titelfindung können Sie ein abteilungsübergreifendes →Brainstorming organisieren, oder Sie rufen im Intranet oder per Fragebogen alle Kollegen zu Vorschlägen auf bzw. lassen sie per Fragebogen oder online über drei bis fünf mögliche Titel abstimmen. Dann fühlen sich alle von Anfang an mit einbezogen.

▪ Die interne Zeitung sollte eine relativ feste Aufteilung haben, damit der Leser eine gewisse Orientierung hat. Eine Tageszeitung ändert ihre Rubriken und Ressorts ja auch nicht andauernd. Zudem erleichtert Ihnen das die Planung und Themenfindung. Zuerst kommen die „wichtigen" Unternehmensnachrichten, z. B. im Leitartikel oder in der Rubrik „Aktuelles". Schön ist auch ein Vorwort oder Editorial von Ihnen als „Chefredakteur" oder einem Mitglied der Geschäftsführung. Die Unternehmensleitung sollte sowieso regelmäßig einbezogen werden, um zu zeigen, dass sie hinter „ihrer" Publikation und damit den Mitarbeitern steht!

- Stellen Sie ein Redaktionsteam zusammen: Die Zeitung ist von Mitarbeitern für Mitarbeiter. Damit dies von der Beleg- und Leserschaft auch so empfunden wird, suchen Sie sich abteilungsübergreifend einen festen Redaktionsstamm zusammen, z. B. aus der Personalabteilung, dem Vertrieb oder unter den Auszubildenden. Sie können nicht wie ein rasender Reporter überall zugleich sein. Mit Hilfe Ihrer „Korrespondenten" lassen sich viel leichter Themen finden. Darüber hinaus sollte jeder Kollege als „freier Mitarbeiter" aufgerufen werden, selbst Fotos oder Artikel beizusteuern. Belohnen Sie ein solches Engagement, z. B. mit einem möglichst großen Fotoabdruck, und setzen Sie immer den Namen des Mitarbeiters unter das Bild oder den Artikel (auch, wenn dieser durch Sie redigiert wurde – er ist geistiges Eigentum des Verfassers!), das spornt andere an, nachzuziehen. Stimmen Sie Berichte oder Fotos von Kollegen, sofern diese nicht von ihnen selbst stammen, immer ab. Niemand soll sich, und sei es aus Versehen, bloßgestellt oder missverstanden fühlen.

- Erstellen Sie Redaktionspläne. Die meisten Themen liegen auf der Straße bzw. in der Firma und sind durch den Unternehmenskalender vorgegeben: Messen, Haupt- oder Betriebsversammlungen finden regelmäßig statt, aber auch „weiche" Themen wie Weihnachtsfeiern, Mitarbeiterfeste, Aktionen der Betriebssportgruppe usw. Damit Sie aber auch in nachrichtenarmen Zeiten wie den Sommerferien genug Stoff haben, planen Sie den Inhalt Ihrer Hefte, genau wie eine „echte" Zeitungsredaktion, möglichst weit im Voraus. Darunter können dann auch Themen sein, die nicht an Termine gebunden sind, z. B. Hintergrundberichte, einen Blick in Ihre Unternehmenshistorie, die Vorstellung einzelner Mitarbeiter oder Abteilungen, →FAQs u.v.m.

- Die Mischung macht's: Wie in einer Tageszeitung auch sollten sich verschiedene journalistische Formen abwechseln: Interviews, Nachrichten, Kommentare, Porträts usw., dazwischen Fotos zur Auflockerung.

- Neue Kollegen freuen sich, in der Mitarbeiterzeitung begrüßt und vorgestellt zu werden; langjährige Mitarbeiter, die in den Ruhestand gehen oder ein Jubiläum feiern, fühlen sich geehrt und, wenn auch an sie gedacht wird, z. B. durch einen Artikel oder zumindest einer Nennung. Bei neuen Kollegen lohnt sich ein Foto, damit sie nicht länger unbekannte Gesichter sind.

- Achten Sie auf Ausgewogenheit: Wenn der Vorstandschef in jeder Ausgabe auf dem Titel ist oder eine bestimmte Abteilung öfter vorkommt als andere, registrieren die Kollegen dies in der Regel schnell und reagieren u. U. empfindlich. Unterziehen Sie Ihrer Themenauswahl daher in jeder Ausgabe einer kritischen Prüfung und sorgen Sie dafür, dass Sie mit der Zeitung weder nur zum Sprachrohr der Geschäftsleitung noch einer einzelnen Abteilung oder eines Bereichs werden, auch wenn dieser interessant ist. Im Gegensatz zum Redakteur einer bundesweiten Tageszeitung kennen Sie viele Ihrer Leser persönlich. Seien Sie offen für Kritik und Anregungen, besser noch, fordern Sie diese im Heft regelmäßig selbst ein, veröffentlichen Sie Leserbriefe oder nehmen Ideen der Kollegen mit auf.

- Sie schreiben immer aus der internen Firmenperspektive und für die interne Leserschaft, nicht für Ihre Kunden, Aufsichtsräte oder Geschäftspartner, auch wenn diese die Publikation ab und an lesen sollten. Verwenden Sie daher unternehmensspezifische Bezeichnungen oder interne Abkürzungen, schreiben Sie oft „wir", „unser" etc. Das fördert die Wiedererkennung und das Zusammengehörigkeitsgefühl.

Ebenso wie externe PR ist auch die interne Kommunikation langfristig. Indem Sie Ihre Mitarbeiterzeitung umsichtig planen, darin Wiedererkennungseffekte schaffen und möglichst viele Mitarbeiter einbeziehen, wird die Publikation zu einem wichtigen Instrument interner Kommunikation – und bleibt es auch im Zeitalter des Intranets.

Weitere Instrumente der internen Kommunikation können interne →Weblogs oder →Podcasts sein (siehe Kapitel 7).

6. Was tun, wenn's brennt? Kommunikation bei Krisen

Wir reden hier eigentlich von Peanuts.

(Denkwürdige Bezeichnung des ehemaligen *Deutsche Bank*-Vorstandssprechers Hilmar Kopper für die Summe von damals 50 Millionen DM, die aus offenen Handwerkerrechnungen resultierte, am 21. April 1994. *Peanuts* wurde zum Unwort desselben Jahres gewählt.)

6.1 Was ist eine PR-Krise?

Es muss nicht gleich ein so dramatisches Ereignis wie ein Feuer sein, der in Ihrem Unternehmen den PR-Ernstfall eintreten lässt. Auch vermeintliche „Peanuts", Kleinigkeiten also, können einen Flächenbrand entzünden, z. B. ein falsch wiedergegebenes Zitat an der falschen Stelle. In der Kommunikation bewegt man sich oft auf dünnem Eis, denn Äußerungen transportieren auch emotionale Botschaften, sie werden missverstanden und missinterpretiert, ob bewusst oder unbewusst. Manche Themen kochen zudem aus den verschiedensten Gründen in der Presse hoch, andere Medien übernehmen diese, bereiten sie neu auf und so weiter.

Hier werden dann genau jene Faktoren wirksam, die wir in Kapitel 3.2.1 *Wonach Medien auswählen* aufgeführt haben: Ihr Unternehmen, Ihr Kunde oder Produkt ist aufgrund von Aktualität, Brisanz oder hoher Emotionalität in der Presse – nur leider eben nicht in Ihrem Sinne, sondern kritischer, als Ihnen lieb ist.

Es lauert also eine Fülle von Fallstricken in der Kommunikation. Beispiel aus der Produkt-PR: Ihr Produkt wurde getestet und negativ bewertet; Sie müssen eine Rückrufaktion starten; oder das Produkt verkauft sich einfach schlecht. Aus der Unternehmenskommunikation: Ihre Geschäftsführung muss zur Restrukturierung des Unternehmens unpopuläre Maßnahmen wie Entlassungen oder Werksschließungen ergreifen; Ihr Börsenkurs rutscht in den Keller; Ihre Mitarbeiter demonstrieren oder streiken; ein Vorstand hat krumme Geschäfte gemacht, was jetzt ans Tageslicht kommt. Und so weiter und so fort. Die Folge: ein hoher Imageschaden, ein erheblicher Vertrauensverlust und weitere finanzielle Einbußen.

Es ist leider eine psychologische Erkenntnis, dass negative Nachrichten länger im Gedächtnis bleiben als positive. Manche Bilder haben sich uns regelrecht eingebrannt. Wer erinnert sich z. B. nicht an das Foto von *Deutsche Bank*-Chef Josef Ackermann, grinsend und mit unangebrachtem Victoryzeichen nach der Gerichtsverhandlung der *Mannesmann*-Affäre 2004, in welcher er beschuldigt wurde, als Aufsichtsrat des Mobilfunkunternehmens hohe Abfindungen genehmigt zu haben? An den missglückten „Elchtest" der *Mercedes* A-Klasse und reihenweise umkippende neue Kleinwagen? Die Bilder der sich in der Sonne aalenden *VW*-Betriebsräte an der Copacabana neben käuflichen Damen? Ein Schock für die Öffentlichkeit, ein Super-GAU für jeden Kommunikationsschaffenden. Es ist wichtig, einem Krisenfall vorzugreifen, ehe solche Bilder entstehen. Nicht nur Bilder, auch unrühmliche Reizworte werden nicht so schnell vergessen: Der verbale „Peanuts"-Ausrutscher wird Hilmar Kopper wohl sein Leben lang verfolgen.

Und: Vor allem kann heute durch die rasante Verbreitung von Nachrichten im World Wide Web, insbesondere durch neue Kommunikationsformen wie →Weblogs, Verbraucher- oder Chatforen, schnell ein Lawineneffekt eintreten („Online GAU"), dessen Wucht Sie dann schier zu überrollen droht (siehe Kapitel 7). Beugen Sie der Krise also lieber vor.

6.2   Kommunikationstipps im Ernstfall

Wenn die Krise erst da ist, ist es meist zu spät, sich noch Gedanken um eine ausgefeilte Kommunikationsstrategie zu machen. Rasches Handeln ist gefragt, denn die Presse steht schon vor dem Werkstor oder ruft Sie im Minutentakt im Büro und auf Ihrem Handy an. Doch allzu oft verleitet dies aus mangelnder Vorbereitung, aus Nervosität, dem hohen öffentlichen Druck und der schlichten Angst vor einem Versagen zu einer überstürzten und vollkommen falschen Krisenkommunikation. Manager, denen der Schweiß auf der Stirn steht, Fragen aggressiv abblockende Vorstandschefs oder das Schweigen eines überrumpelten Pressesprechers sind Szenarien, die nicht passieren sollen.

Nachfolgend ein paar bewährte Regeln zur umsichtigen Krisenkommunikation.

1. Die erste Regel lautet: *Bereiten Sie sich auf den möglichen Krisenfall vor.*
   Dies können Sie mittels eines Krisen- oder Notfallplans machen. Er enthält die Definitionen und möglichen Szenarien von Krisen, die Ihr Unternehmen betreffen könnten. Er legt fest, welche Personen *intern* im Krisenfall in welcher Reihenfolge informiert werden müssen und wer zum Krisenstab gehört (samt korrekter Bezeichnung, sämtlichen Telefonnummern
   und E-Mailadressen); welche Maßnahmen sofort ergriffen werden müssen; wer im Ernstfall welche Aufgabe hat. Formulieren Sie dies konkret
   und unmissverständlich. Die eigenen Mitarbeiter werden in der Krise immer zuerst informiert! Sämtliche Mitglieder des Notfallteams müssen ein
   ausgedrucktes, stets aktualisiertes Exemplar bekommen, das leicht erreichbar abgelegt wird. Es sollte gebunden oder geringelt und durch eine
   auffällige farbliche Hülle gekennzeichnet sein. Stimmen Sie den Notfallplan mit der Geschäftsleitung ab, damit er für alle verbindlich gilt und gehen das Szenario mit sämtlichen Betroffenen einmal durch. Überlegen Sie
   sich auch, welche Ihre wichtigsten *Medien* sind, die zuerst informiert
   werden müssen. Hier gilt die Regel der Nahbarkeit: wenn Ihre Fabrik
   brennt, muss dies der Reporter der Lokalzeitung als einer der ersten Medien erfahren. Wenn die Krise sich zu einem größeren Störfall ausbreitet,
   der ein hohes Medieninteresse erwarten lässt, müssen Sie umfassend
   kommunizieren und dann auch Nachrichtenagenturen einbinden. So stellen Sie auch sicher, dass sich Ihre Wortwahl wieder findet.

2. *Proaktiv kommunizieren.* Ist der Krisenfall eingetreten, müssen Sie nach
   dem Krisenstab die wichtigsten Bezugspersonen direkt kontaktieren. Das
   sind in erster Linie Ihre Mitarbeiter, aber auch Kunden, *Opinion Leader*
   wie Experten oder Politiker und natürlich die direkt von der Krise betroffenen Menschen, z. B. Anwohner bei einem Chemieunfall. Informieren
   Sie diese Gruppen und Ihre wichtigsten Medien, warten Sie nicht, bis die
   ersten Anfragen kommen. So geraten Sie nicht in die Defensive, erhalten
   das Vertrauen aufrecht und zeigen, dass Sie den Notfall und die Betroffenen unbedingt ernst nehmen und alles zur Aufklärung Notwendige leisten.
   Schweigen oder „kein Kommentar" kommt einem kommunikativen Versagen gleich und kann nur negative Berichterstattung nach sich ziehen.
   Wenn Sie etwas noch nicht bestätigen können, so sagen Sie dies genauso,
   das ist besser als keine Information zu geben. Überlegen Sie sich jeden
   Satz, der im Ernstfall auf die Goldwaage gelegt werden wird. Sagen Sie
   eher weniger als mehr, aber sagen Sie etwas.

3. *Einheitlich kommunizieren.* Im Idealfall haben Sie für etwaige Krisenszenarien schon Folgendes vorbereitet: Notfallplan, Factsheets, →FAQs, Pressemitteilungen, die Sie im Ernstfall nur noch abwandeln müssen. Diese Dokumente sollten jedem Mitglied Ihres Krisenstabs und den darüber hinaus relevanten Personen, die nach innen und außen kommunizieren dürfen und sollen, zugehen und so oft wie nötig aktualisiert werden. Einfaches Beispiel: Ihre Fabrik brennt, Sie bestätigen, dass der Brand unter Kontrolle sei, während Ihr Vorgesetzter der Presse etwas anderes sagt, da er andere Informationen bekommen hat. Definieren Sie, um eine mehrgleisige und damit unglaubwürdige Kommunikation zu verhindern, auch eine einheitliche *Sprachregelung*: Es macht allein durch die Assoziationen, die wir mit bestimmten Ausdrücken verbinden, einen großen Unterschied, welche Worte Sie wählen. Sprechen Sie von einer „Fusion" oder einer „Übernahme"? Reden Sie von „Umstrukturierungen" oder dürfen Sie das Reizwort „Entlassungen" nennen? Ihre Aufgabe ist, es im Notfall kommunikativ die Fäden in der Hand zu behalten und sich dabei kontinuierlich und eng mit der Geschäftsführung abzustimmen. Verfolgen Sie das One-Voice-Prinzip, sprechen Sie mit *einer* Stimme. Widersprüchliche Aussagen aus ein und demselben Unternehmen lassen den Journalisten zu Recht an der Professionalität und Glaubwürdigkeit zweifeln, schüren Gerüchte und haben eine falsche Berichterstattung zur Folge.

4. *Ehrlich sein.* Klingt einfach, ist aber im Ernstfall für die Unternehmensleitung, die ihre Felle davonschwimmen sieht und insbesondere für PR-Schaffende, die immer bestrebt sind, ihr Unternehmen, ihr Produkt oder ihren Kunden besonders positiv darzustellen, zugegebenermaßen nicht ganz leicht. Oft will man die Katastrophe selbst noch gar nicht wahrhaben und produziert Abwehrreaktionen, die zwar menschlich und psychologisch zunächst verständlich, kommunikativ jedoch tödlich sind. Gerade im Krisenfall recherchieren Journalisten äußerst genau und wittern eine Lüge oder eine Falschinformation zehn Meilen gegen den Wind. Denken Sie daran, dass Journalisten auch nur Menschen sind und ein vermeintlicher Skandal die Auflage seiner Zeitung steigert. Nehmen Sie der Presse daher den Wind aus den Segeln und erklären, wenn Ihr Unternehmen einen Fehler gemacht hat oder bestätigen Sie offen, dass ein Ernstfall vorliegt. Das alte Sprichwort „Wer einmal lügt, dem glaubt man nicht, und wenn er auch die Wahrheit spricht" gilt hier besonders. Haben Sie einmal das Vertrauen der Medien und der Öffentlichkeit verspielt, kann es lange dauern, ehe der Imageschaden und der Vertrauensverlust wieder behoben sind – sofern der Schaden sich überhaupt reparieren lässt.

5. *Holen Sie sich wenn nötig Unterstützung.* Sie bekommen keine Tapferkeitsmedaille, wenn Sie die Kastanien ganz allein aus dem Feuer geholt haben – in der Krise zählen Einzelkämpfer, anders als in einschlägigen Actionfilmen propagiert, sowieso nicht. Krisenarbeit ist Teamarbeit! Wenn Ihre Abteilung gerade personell unterbesetzt ist, wenn Sie oder die Unternehmensführung noch keine praktische Erfahrung mit professioneller Krisenkommunikation haben, wenn es in einem größeren Ernstfall an allen Ecken brennt, dann scheuen Sie sich nicht, eine erfahrene Agentur zu beauftragen. Es gibt eine Vielzahl auf Krisenkommunikation spezialisierte Dienstleister. Hier geht es nicht um ein kreatives, buntes PR-Programm, sondern eine professionelle und loyale Zusammenarbeit im Ernstfall.

Unabdingbare Voraussetzungen für die Vorbereitung sind: die Unterzeichnung einer Vertraulichkeitsvereinbarung; die Zusage, dass Ihre Ansprechpartner im konkreten Krisenfall sofort und falls nötig 24 Stunden erreichbar sind; erfahrene Berater, die Ihnen zur Seite gestellt werden oder die gesamte Krisenarbeit erledigen; ein Treffen mit möglichst allen Beteiligten des Krisenstabs intern wie extern; ein schriftliches Debriefing, das zeigt, dass die Krisenaufgabe auch richtig verstanden wurde; Klärung des Budgetrahmens. Ein Medientraining sollten Ihre internen Bezugspersonen auch ohne konkreten Anlass schon hinter sich haben. Wenn nicht, sollte dies schnell in einem Crashkurs, der auf den speziellen Krisenfall zugeschnitten ist, nachgeholt werden. Beachten Sie zudem die Tipps im Kapitel 4.2 *Noch Fragen? Das Interview.*

Eine Krise, so schwerwiegend sie in der akuten Phase auch sein mag, ist zumeist nicht das Ende des Unternehmens oder der Marke, sondern für geübte Kommunikatoren auch die Chance für einen Neubeginn. Krise als Chance – ja, wenn man gestärkt daraus hervorgehen kann, weil man so umsichtig und kompetent wie möglich durch den Ernstfall navigiert hat.

Durch das Internet, in dem von jedem alles in Sekundenschnelle und noch dazu auf lange Zeit nachrecherchiert werden kann, heißt es zwar nicht mehr unbedingt „Nichts ist so alt wie die Zeitung von gestern", jedoch hat jede Krise ihren *Peak*, ihren Höhepunkt und ebbt dann wieder ab. Das bedeutet allerdings nicht, dass Sie wieder zum Tagesgeschehen übergehen können. Denn zur Chance wird die Krise langfristig nur dann, wenn Sie den Ernstfall, wenn schon nicht vorher, sondern dann eben im Nachgang für eine kritische Durchleuchtung der bisherigen Unternehmens- und Kommunikationsstrategie nutzen.

7. Schöne neue PR-Welt? Ein Exkurs zu Weblogs, Podcasts und Co.

7.1 Web 2.0 und die Folgen

Im Jahr 2004 stellte der Internet-Pionier Tim O'Reilly einem Fachpublikum den Begriff „Web 2.0" vor, was von der Weltöffentlichkeit damals kaum beachtet wurde. Zwei Jahre später war Web 2.0 in aller Munde. Eigentlich nur Begriff für die schlichte Tatsache, dass immer mehr Menschen online sind, bezeichnet er mittlerweile eine rasante Entwicklung im globalen Dorf Internet und ist ein Synonym geworden für die verstärkte Verbreitung von so genanntem *User Generated Content,* also Inhalten, die durch die Internetnutzer selbst erzeugt werden – wie Videos, →Wikis, →Weblogs und Co.

Und mittlerweile steht die Diskussion über Web 2.0 sogar noch für weit mehr: die Medienzukunft und die Veränderung der Medienlandschaft generell. Alle wollen mitmischen: die Trendforscher, die Millionen User nach dem Motto „Jeder kann berühmt werden", große Markenunternehmen, diverse Plattformen, Sponsoren. Jeder, der etwas auf sich hält, hat ein eigenes →Blog, jeder User, der up to date sein will, kann im Netz neue Leute kennen lernen und der mehr oder weniger interessierten Onlinegemeinde eigene Videos präsentieren. Doch was hat PR damit zu tun?

Eine Menge. Web 2.0 ist inzwischen der Nährboden für alle möglichen skurrilen, schrägen, kurz irgendwie interessanten Themen, die von den Medien begeistert aufgegriffen werden – mangels eigener Ideen, durch Recherchefaulheit oder einfach, um zu zeigen „Schaut mal, was ich Skurriles im Netz gefunden habe".

Ein Beispiel jüngerer Zeit ist die so genannte *„Mentos*-Rakete": In der Internet-Videoplattform *YouTube,* die von der Suchmaschine *Google* für rund 1,3 Milliarden Euro gekauft wurde, filmte ein User, wie er mittels mehrerer in eine 2-Liter-Flasche Cola geworfene Mentholbonbons eine zischende, explosive Cola- Fontäne herstellte. Das einfache wie wirkungsvolle Experiment fand Tausende begeisterter Nachahmer, die von ihren Testversuchen ebenfalls Videos drehten und ins Netz stellten; der Original-Raketenbauer schaffte es bis in Stefan Raabs TV-Show. Das ist gigantische, kostenlose und durch das Internet weltweit verbreitete PR für die Marken des Kaubonbonherstellers und der Cola und clevere Eigen-PR für den Laienregisseur. Das vollkommen überflüssige, aber offenbar auch eben darum schlicht unterhaltsame Experiment wurde von Millionen Usern angeklickt.[22] Das sinnfreie Spaßexperiment traf zudem den Nerv einer Gesellschaft, die sich offenbar weigert, erwachsen zu werden.

Für beide Unternehmen, die im Jahr mehrere Millionen Euro an Werbebudget für ihre *global brands* (*Coca-Cola* ist nach wie vor die wertvollste Marke der Welt) ausgeben, also eigentlich eine willkommene PR-Aktion – die auch noch authentisch war, keine künstliche Marketingidee der Konzerne selbst. Doch diese sehen das höchst unterschiedlich: Während nach Internetinformationen der Kaubonbonhersteller plant, die Raketen-Regisseure für Werbezwecke anzuheuern und die „*Mentos-Cola-Bombe*" sogar stolz auf der markeneigenen Homepage erwähnt wird, sieht man bei der Colafirma die so genannte „Brand Identity" der braunen Brause gefährdet, die man doch lieber trinken als explodieren lassen möge. Eingrenzen und steuern kann man die Internetaktionen jedoch nicht. Solche Experimente zeigen vielmehr, dass die Webgeneration selbstverständlich mit bestimmten Marken lebt und mit ihnen spielerisch umgeht. Und: was früher, in der Prä-Internetzeit, in heimischen Garagen oder im stillen Kämmerlein so alles ausgetüftelt wurde, bekamen höchsten einige Nachbarn oder Freunde mit. Die Aussicht, heute – theoretisch – durch Online-Videos, →Podcasts und Weblogs die ganze vernetzte Welt daran teilhaben zu lassen, wie man in eine Haarbürste singt, eine Kaubonbon-Colafontäne herstellt oder über bestimmte Themen denkt, ist verführerisch und besitzt sofortiges „Kult"-Potenzial. Es sind interessanterweise gerade die vermeintlich Uncoolen, die „Nerds", die so zu kurzlebigen Stars werden.

Im Web 2.0 findet zur Zeit eine Art friedliche Medienrevolution statt: Die User bestimmen im medialen Online-Overkill selbst, was sie sehen oder hören wollen, wen sie in welchen Foren treffen und welche Inhalte sie downloaden wollen. Und die Medien reagieren, wenn sie die Trends und Themen nicht verschlafen wollen. Es gleicht (noch) einem globalen Kindergarten, in dem nach Herzenslust herumgetobt, ausprobiert, dazugelernt und aussortiert werden darf. Das ist, wie wir an obigem Beispiel gesehen haben, verführerisch für manche Unternehmen, die sich immer mehr auf diesen Trend auf-

---

22 Vgl. Artikel „Das wahre Massenmedium", erschienen in: *Welt am Sonntag,* 03.09.2006, S. 32.

setzen wollen, wie der Kaufpreis von *YouTube* zeigt – und gefährlich. Denn was irgendwie nach nicht authentischem, nach „gefaktem" Inhalt aussieht, wird gnadenlos aufgedeckt. Glaubwürdigkeit, Authentizität ist es, was die User wollen.

Wie funktionieren diese neuen Plattformen und inwieweit können sie überhaupt für PR-Zwecke genutzt werden? Ist mein Unternehmen hoffnungslos veraltet, wenn es kein *Corporate Blog* besitzt? Zunächst sollen einige der neuen Möglichkeiten vorgestellt und einer kritischen Bewertung unterzogen werden.

7.2   Weblogs

Blogger können mutiger als Zeitungsjournalisten sein. Sie müssen keinen Verleger, keinen Chefredakteur, keinen Ressortleiter und keine Anzeigenkunden fürchten.

Ernst Probst (Journalist, Autor und Verleger)

7.2.1   Was sind Weblogs?

Der Begriff Weblog, auch abgekürzt *Blog* genannt, ist zusammengesetzt aus den beiden englischen Worten *Web* und *Log* (von Logbuch). Man kann ein Weblog mit einem Onlinetagebuch vergleichen, in dem die neuesten Einträge jeweils oben stehen (dies ist durch die Software so definiert). Ursprünglich wurden Weblogs angelegt, um im Internet tatsächlich eine Art Logbuch über diejenigen Seiten, auf denen man gesurft ist, anzulegen. Technisch gesehen sind Weblogs ein →Content-Management System wie andere auch, das relativ schnell zu installieren und zu verwalten ist.

Zurzeit gibt es bereits über 27 Millionen verschiedene Weblogs, über 100.000 allein in Deutschland. Und ihre Zahl nimmt rasant zu. Das Schreiben eines Weblogs nennt man *bloggen*, fasst man den Kosmos der Blogs und Blogger (= Menschen, die bloggen) im Web zusammen, so spricht man von der *Blogosphäre*.

Das Interessante an einem Weblog ist die Interaktion, d. h. die Leser können die Beiträge kommentieren und einzelne Weblogs beziehen sich aufeinander,

z. B. durch Links. Weblogs können auch über Online-Suchmaschinen wie *Google* gefunden werden, häufig zitierte Blogs stehen dann als Resultat weit oben, auf den begehrten Plätzen im Ranking, weil es eine Vielzahl einzelner Links gibt, die sich auf dieses Blog beziehen.

Das scheinbar Widersprüchliche an Blogs ist, dass nur wenige von ihnen das unmittelbare Ziel haben, möglichst viele User zu erreichen. Ein Weblog im ursprünglichen Sinne spiegelt eher die persönliche Sicht einer Einzelperson wider, wie ein Tagebuch eben auch. Daher sind Blogs authentisch und daher reagieren User und auch andere Blogger wie in der Einleitung schon gesagt, sehr empfindlich auf Fakes oder mehr oder weniger auffällig platzierte oder in Kommentaren abgegebene Werbebotschaften – denn das wurde alles schon versucht.

Gerade die scheinbare Offenheit und Toleranz, die ein Weblog symbolisiert, macht es jedoch anfällig für mehr oder minder subtile Beeinflussung ideologischer oder politischer Art: Zunehmend nutzen sogar Regimes diese neuen Medien, die nicht gerade für Presse- und Meinungsfreiheit stehen, einfach, um sich den Anschein von Modernität und Aufgeschlossenheit zu geben und weil in sehr kurzer Zeit viele Menschen erreicht werden können. So hat der iranische Präsident Ahmadinedschad seit kurzem ein eigenes Weblog, das natürlich von der Ideologie des Regimes geprägt ist.

Es zeigt sich also, dass aus PR- und Marketingsicht mit der Welt der Blogs noch viel sorgsamer umgegangen werden muss als mit klassischen Medien. Wer sich nicht damit begnügen möchte, Kommentare zu bestehenden Weblogs zu verfassen, kann ein eigenes starten. Das ist relativ unkompliziert einzurichten. Im Internet gibt es eine Fülle von Anbietern, über die man dies tun kann.

7.2.2   Blogs in der PR – PR in Blogs

Obwohl Blogs also ursprünglich nicht journalistisch ausgerichtet waren, sind sie ein nicht zu unterschätzendes PR-Tool und zwar aus folgenden Gründen:

▪ *Informationen aus einem Weblog können sich sehr schnell* verbreiten (z. B. durch Kommentierung einzelner Beiträge) und schnell abgerufen werden.

▪ *Themen aus Weblogs* werden mittlerweile mehr und mehr von etablierten (Print)-Medien übernommen; nutzen Sie dies für Ihr eigenes Themensetting!

- *Blogs sind transparente Kommunikation*; gerade bei kritischen Themen gibt es unvorhergesehene Auswirkungen z. B. für Konzerne, was aber für eine offene Kommunikation notwendig ist.

- *Blogger werden zu einer eigenen Zielgruppe*, die besonders kritisch ist und innerhalb der *peer group* der Blogosphäre ihre Meinungen oft auch sehr deutlich kundtut. Es lohnt sich, eine offene Kommunikation mit den für seine PR-Arbeit relevanten Blogs zu führen, in dem man diese regelmäßig proaktiv (!) informiert und damit ggf. sogar als *opinion leader* gewinnt. Nehmen Sie daher für Sie wichtige Weblogs in Ihren →Presseverteiler auf.

- *Image:* Ein Unternehmens-Weblog bietet ganz andere Möglichkeiten zur Kommunikation als eine „starre" Homepage. Durch die in einem Blog essenzielle Interaktion können Unternehmensthemen, aktuelle Neuigkeiten etc. schnell publiziert werden. Kunden, Mitarbeiter, Journalisten greifen darauf zu, sind daher stets über das Unternehmen informiert und erweitern so den Themenkreis kontinuierlich.

- *Blogs steigern die Bekanntheit*: Viel gelesene Blogs, auf die noch dazu in anderen Weblogs verwiesen wird, wandern z. B. bei der *Google*-Suche immer weiter nach oben.

- Viel breiter als auf der Unternehmens-Homepage können in einem Corporate Blog *Branchennews* und für das Unternehmen relevante Themen veröffentlicht werden.

- *Sprache*: Ein Blog ist unterhaltsam, kurzweilig, gut geschrieben und positioniert damit das Unternehmen auch bei der Presse.

Darüber hinaus gibt es, und auch das ist für die PR-Arbeit interessant, auch so genannte *Watchblogs*, die sich kritisch mit Online- und Printmedien auseinandersetzen. Ein bekanntes Beispiel ist das *Bildblog*, das eine falsche Berichterstattung in der Printausgabe, aber auch dem Online-Auftritt der *Bild*-Zeitung korrigiert. Dass die *Bild*-Journalisten dieses Blog lesen (was sie natürlich nicht zugeben), ist daran zu erkennen, dass unrichtige Angaben in der Online-Ausgabe der Zeitung nach entsprechenden Blog-Kommentaren zumeist flugs korrigiert werden. Blogs können also auch eine wichtige Funktion als Korrektiv haben.

Unternehmens-Blogs, *Corporate Blogs* also, nehmen immer mehr zu. Manchmal bloggt sogar der CEO selbst, aber auch bestimmte Gruppen oder Abteilungen haben eigene Weblogs. So entstehen Online-Netzwerke im Web oder auch im firmeneigenen Intranet. Viele Unternehmer sehen gerade diese

Transparenz kritisch, da die Befürchtung besteht, dass sich „unangenehme" Inhalte schnell auch über das Unternehmen hinaus verbreiten können. Jüngeres Beispiel ist der Intranet-Blog des Siemens-CEO Klaus Kleinfeld, der 2006 durch den Aufsichtsrat eine 30-prozentige Gehaltserhöhung bei gleichzeitiger Restrukturierung genehmigt bekommen hatte. In seinem Blog im Siemens-Intranet empörten sich darüber die Siemens-Mitarbeiter auf mehr als 40 Seiten – was von vielen Medien genüsslich zitiert wurde. Solche Informationen können Journalisten schnell und einfach zugespielt werden, was Blogs als Informationsbeschaffungsquelle sehr verführerisch macht. Sicher wäre die Empörung der Siemens-Mitarbeiter auch so an die Öffentlichkeit gelangt – doch sie erhält durch die geballten, authentischen O-Töne im Unternehmens-Blog einen ganz anderen Drive.

Ein anderes Beispiel für die zunehmende Macht der Blogs: In einer internen E-Mail echauffierte sich Werbeagenturchef Jean-Rémy von Matt Anfang 2006 über die Kritik an der u. a. von Jung v. Matt initiierten Kampagne „Du bist Deutschland" – Kritik, die auch aus der Blogosphäre kam. In der schon fast legendären Mail bezeichnete von Matt Weblogs als die „Klowände des Internets". Selbstverständlich fand die Mail wiederum rasende Verbreitung in der Blogosphäre, im Web allgemein und dann auch in der gesamten Werbe- und PR-Welt, was wiederum von den klassischen Medien aufgegriffen wurde. In zahlreichen Blogs wurde von Matt scharf angegriffen und musste sich schließlich für seine Worte entschuldigen.

Bevor Sie ein eigenes Weblog als PR-Tool für Ihre externe und/oder interne Kommunikation einrichten, stellen Sie vorher folgende Überlegungen an:

▪ Passt diese Form der Kommunikation überhaupt zu meinem Unternehmen und seiner →Corporate Identity oder wirkt es eher unglaubwürdig, weil wir nur auf einen „Hype" aufsetzen?

▪ Wie sehen anderen für unser Unternehmen relevante Blogs aus – Konkurrenzunternehmen, Branchenblogs, Blogs von für uns wichtigen Journalisten oder Privatpersonen?

▪ Gibt es genug „Stoff", um regelmäßige Einträge zu gewährleisten?

▪ Ist der zeitliche Aufwand dafür vertretbar? Sind genügend Ressourcen und Kapazitäten vorhanden? Unter drei Einträgen pro Woche lohnt sich kein Blog!

▪ Da ein Blog viel stärker als eine Homepage persönlich-subjektiv gefärbt ist, ist wichtig: Wer soll in dem Blog sprechen: Der CEO? Ein Mitarbeiter?

Aus welcher Abteilung? Ein journalistischer, ansprechender Schreibstil sollte gegeben sein, die Sprache muss zum Unternehmen passen. Ein älterer CEO, der krampfhaft versucht, jugendlich-„cool" zu schreiben, wirkt unecht und lächerlich. Authentizität ist Trumpf.

▪ Es gibt Weblogs mit und ohne Kommentarfunktion. Ist es im Sinne des Unternehmens, dass potenziell jeder User Kommentare abgeben kann, auch wenn diese sehr kritisch sind? Tipp: Stellen Sie Regeln auf, an die sich die internen Blogger halten sollten.

▪ Soll eine Agentur eingebunden werden und wenn ja, hat sie ausreichende Erfahrungen auf dem relativ neuen Gebiet?

7.3   Podcasts

Als Podcasts werden Audio-Dateien bezeichnet, die über das Internet produziert und angeboten werden. Zusammengesetzt aus den Worten *iPod* (dem MP3-Player von Apple) und *Broadcast* (englisch für Rundfunk), war *Podcasting* sogar „Wort des Jahres 2005" in Großbritannien[23] und zeigt einen weiteren Online-Trend.

Podcasting könnte für einen Boom der etwas angestaubten Radio-PR und des Radios selbst sorgen. Die Audiodateien werden z. B. von Radiosendern angeboten, können zumeist kostenlos abonniert werden und auf den Computer oder *iPod* heruntergeladen werden. Auch Onlineservices wie die Enzyklopädie →Wikipedia bieten Einträge als Podcasts an, ebenso bereits einige Printmagazine. Seit einiger Zeit wendet sich sogar die Bundeskanzlerin als erste Regierungschefin weltweit per Video-Podcast („Angela Merkel – die Bundeskanzlerin direkt") an die User (die Kommunikation per Videopodcasts wird verkürzt *Vodcasting* genannt).

---

[23] Gewählt vom *New Oxford American Dictionary* aufgrund seiner „phänomenalen Ausbreitung".

7.3.1   Wie man Podcasts für die Kommunikation nutzt

Radio-PR zu betreiben bedeutete lange Zeit, dass man für sein Unternehmen oder seinen Kunden vorgefertigte Beiträge produzieren ließ und diese, z. B. auf CD-ROM, *privaten* Radiosendern zur Verfügung stellte (*öffentlich-rechtliche* Sender greifen nicht auf derartige Beiträge zu). Das konnten Interviews, Hintergrundbeiträge und einfache O-Töne als Service für die Sender sein; manchmal war daran noch eine Medienkooperation, hauptsächlich in Form eines Gewinnspiels, geknüpft. Die Platzierung in Radiosendern war nicht immer einfach, die →Evaluation des PR-Erfolgs eher diffus. Da vorproduzierte Beiträge zumeist von Agenturen angeboten wurden und es keine Garantie auf Verwendung bei den Sendern gab, wurde Radio-PR eher stiefmütterlich behandelt: Zu hohe Kosten, zuwenig Output. Dabei hört jeder Deutsche pro Tag über drei Stunden Radio, zumeist am Arbeitsplatz. Radio ist hierzulande nach Tageszeitung und Fernsehen – und immer noch vor dem Internet – die am dritthäufigsten genutzte tägliche Informationsquelle.

Heute ist Podcasting günstig, da durch Digitalisierung technisch einfacher realisierbar. O-Töne in Form von Interviews, Reden oder kurzen Statements, Videobeiträge und Hintergrundinformationen lassen sich nun ganz einfach auf die Firmenhomepage oder das -weblog stellen und als Presseservice neben Pressemeldungen, Bildarchiv und Co. für Journalisten bereithalten. Auch ganze Newsletter oder Magazine können so vertont und angeboten werden.

Audiopodcasts bestehen meist aus einem musikalischen Vor- und Abspann, einem oder mehreren Wortbeiträgen und einem musikalischen Trennthema. Die Länge eines Podcasts liegt in der Regel zwischen fünf und zehn Minuten.

Videopodcasts sind naturgemäß etwas aufwändiger zu produzieren, haben ebenfalls eine musikalische Einleitung und Schluss. Sie können sogar ganze Weblogs in Form von Videopodcasts produzieren, so genannte →*Vlogs*. Ebenso wie für ein klassisches Interview ist ein Medientraining für den Geschäftsführer unerlässlich, um ein professionelles Ergebnis zu erzielen! Weder Sie noch die Medien möchten gern einen hölzern agierenden, unsicher sprechenden Unternehmensvertreter zeigen.

Generell sollten Podcasts für die Pressearbeit nicht zu lang sein, da die Dateien sonst zu groß werden und sich die Ladezeiten entsprechend verlängern – viele (freie) Journalisten arbeiten vom eigenen Rechner aus und ärgern sich über eine zu lange Ladedauer, die den Computer lahm legt; im Zweifel brechen sie den Download ab. Professionelle Radiomoderatoren oder Synchronsprecher können auch für das Sprechen von Audio-Podcasts gebucht werden und sind zumeist über die Agentur zu akquirieren, die sich dann um die Produktion der Podcasts kümmert. Die Investition für ein Podcast liegt bei ungefähr 500 bis 1.000 Euro, was die Studiokosten und die Sprachaufnahme, den Digitalschnitt sowie die Erstellung eines Podcasts inklusive →RSS Feed (sendefähiges Format MP3 und AAC-Format) und das Honorar für den Sprecher beinhaltet.

Zusammengefasst bieten Podcasts also folgende Vorteile für Ihre PR-Arbeit:

▪ Überschaubare Kosten für die Produktion

▪ Zeitgemäße Ergänzung Ihres Presseservices im Internet

▪ Erschließung neuer Zielgruppen

▪ Einfacher Zugriff

▪ Orts- und zeitunabhängig durch Download auf *iPod* oder PC

Ähnlich wie bei →Weblogs ist Authentizität das Stichwort. Auch für die interne Kommunikation – im Intranet – können Audio- und Videopodcasts hervorragend eingesetzt werden. Es ist schlicht emotionaler und nahbarer, wenn der Vorstandsvorsitzende, insbesondere bei schwierigen und/oder besonders bedeutsamen Themen wie einer Restrukturierung, einer Fusion etc. direkt und mit der eigenen Stimme zu den Mitarbeitern spricht, als wenn er dies schriftlich im Newsletter oder oder per E-Mail tut. Bei einem Vodcast ergibt sich zudem durch die Körpersprache und die Mimik ein zusätzlicher Glaubwürdigkeitsfaktor. Wie immer, gilt auch hier, dass die im Medientraining gelernten Techniken auch angewandt werden wollen.

7.4   Guerilla-Marketing/Guerilla PR

7.4.1   Was ist Guerilla-Marketing eigentlich?

Im Gegensatz zu den relativ jungen Phänomenen →Weblogs und →Podcasts gibt es →Guerilla-Marketing schon länger. Neu ist, dass das Internet und insbesondere das Web 2.0., wie oben gezeigt, neue Formen und Plattformen für diese Form der PR und des Marketing bieten. *Guerilla*, ein Begriff aus dem lateinamerikanischen Straßenkampf, der u. a. von Che Guevara geprägt wurde, bedeutet in der Werbesprache eine konzertierte, unkonventionelle und genau darum bei der von Werbung übersättigten Zielgruppe Aufmerksamkeit erregende Aktion. Besonders Aufsehen erregende Aktionen finden dabei Abdruck in den Medien – daher Guerilla PR.

Guerilla-Marketing wurde ab den 1960er Jahren zuerst von kleinen und mittelständischen Unternehmen betrieben, die mit einem niedrigen PR- und/oder Werbebudget auskommen und sich in Medien oder bei ihrer Zielgruppe dennoch in irgendeiner Weise Gehör verschaffen mussten. Kreative, ungewöhnliche Wege und Ideen standen im Vordergrund. Mittlerweile gibt es die unterschiedlichsten Formen und Unterarten von Guerilla-Marketing wie →Ambush-Marketing, →Chat-Attack oder →Viral Marketing.

Nicht nur ein geringes Budget, auch die Übersättigung der Konsumenten mit Werbebotschaften oder unverhohlenen PR-Aktionen spielt eine Rolle bei der Entscheidung, andere Wege zu gehen, um seine Zielgruppen zu erreichen. Der US-Sender CBS zum Beispiel hat 2006 35 Millionen ganz normale Hühnereier mit seinem Logo und knackigen Sprüchen bedrucken lassen. Die Überlegung dahinter ist einfach: Werbung in den klassischen Kanälen TV, Radio oder Zeitung kann man entkommen, auf einer Eierschale jedoch nicht.[24] Ob die Aktion langfristig ein Erfolg wird, ist noch nicht abzusehen, zuverlässige Messungen dürften sich als eher schwierig erweisen.

7.4.2   Wie funktioniert Guerilla PR?

Hier konzentrieren wir uns in erster Linie auf die Guerilla-PR. Vereinfacht gesagt, will Guerilla-Marketing wie klassische Werbung auch die Zielgruppe

---

[24] Vgl. Anmerkung 6.

direkt erreichen. Guerilla-PR nimmt wie klassische Public Relations den Weg über Medien. Das PR-Ziel ist, mit wenig Aufwand, vor allem mit möglichst geringen Kosten in so vielen unterschiedlichen Medien wie möglich gecovert zu werden.

Ein Beispiel für gelungene Guerilla PR ist die Geschichte der 85-jährigen Britin Mary Woodbridge, die angeblich unbedingt einmal in ihrem Leben den *Mount Everest* besteigen wollte – zusammen mit ihrem Dackel. Die rührende *story* hatte vieles, was eine Nachricht braucht, um in die Medien zu gelangen (vgl. Kapitel 3.1.1): *Emotionalität*; einen Rekordversuch mit gleich zwei *Superlativen* (als älteste Frau auf dem höchsten Berg der Welt); sowie einen Schuss *Skurrilität* und *Exzentrik*, was den Engländern ja gern nachgesagt wird. Fotos der rüstigen Greisin, die im heimischen Garten emsig für ihr Vorhaben trainierte, gingen auf den vermischten Seiten der Presse und in zahllosen Internetportalen um die Welt. Auffällig: Mrs. Woodbridge trug auf jedem Foto gut erkennbar die Outdoorjacke eines Sportausrüsters. Als herauskam, dass die gesamte Geschichte nebst Namen frei erfunden war und lediglich als Guerilla-PR dieses Sportausrüsters gedacht war, kannten die Geschichte und die Marke bereits Millionen. Natürlich wurde dann ebenfalls darüber berichtet, dass es sich um einen „hoax", einen Jux handelte, wodurch die gesamte Geschichte nochmals rezipiert wurde.

Oder man nehme das *Blairwitch Project* aus den Neunziger Jahren, den vorgeblich authentischen Doku-Film über das mysteriöse Verschwinden mehrerer US-Studenten in einem Hexenwald. Es gab fingierte Suchaktionen, Pressemeldungen über die jahrhundertealte Sage und angebliche Spuren zum letzten Aufenthaltsort – alles erfunden. Diese Maßnahmen diente lediglich dazu, den Film zu promoten, was auch gelang. Der mit einer Handkamera äußerst günstig abgedrehte Streifen wurde ein weltweiter Kassenerfolg, der zu einem Großteil auf der vorhergehenden PR-Aktion beruhte.

Guerilla PR funktionieren also nach dem klassischen Prinzip des Trojanischen Pferdes: auf den Überraschungsangriff, auf die konzertierte Aktion, folgt die Aufdeckung.

7.4.3   Chancen und Risiken

Die PR kann zwar versuchen, ihre Botschaften in Hunderten von Medien unterzubringen – die steigende Zahl von Medien bedeutet jedoch keine automatische Steigerung einer Abdruckwahrscheinlichkeit. Im Gegenteil:

Massenstrategien sind out, gezielte Aktionen auf dem Vormarsch, zumal bei sinkenden Budgets. Ein Kommunikationskonzept kann, wenn es zum Produkt, dem Unternehmen oder der Marke passt, mit einigen gezielten Guerilla-PR-Aktionsideen abgerundet werden und lockert manchen Maßnahmenplan auf. Dabei sollte jedoch nicht unterschätzt werden, dass es mit einer „Drauflos-Aktion" allein nicht getan ist. Im Gegenteil: Damit Guerilla seine Wirkung voll entfalten kann und der Marke nützt, statt ihr durch eine misslungene Aktion zu schaden, muss diese gut durchdacht sein und sich in den Marketingmix einfügen.

Es mag zwar lustig und kurzfristig Aufmerksamkeit erregend sein, einen nackten „Flitzer" mit einem Werbebanner oder einem Bodypainting ins Fußballstadion zu schicken oder auf Großveranstaltungen vermeintliche Demonstranten Spruchbänder hochhalten zu lassen (z. B. Demonstration für mehr Urlaub durch einen Reiseanbieter im Internet) – mittlerweile sind aber selbst diese vorgeblich „skandalösen", so genannten →*Ambush*-Marketingaktionen (*ambush*, englisch: Hinterhalt) durch allzu häufige Wiederholung abgenutzt wie andere Ideen leider auch. Man erinnere sich nur an das Phänomen der „Flashmobs": Urplötzlich tauchte an einem Ort eine Gruppe Menschen scheinbar aus dem Nichts auf und handelte wie auf Kommando identisch; nach wenigen Minuten zerstreute sich die Menge. Flashmobs hatten ihren Höhepunkt im Jahr 2003, als sie aus den USA nach Europa schwappten. Die Wochenzeitung *DIE ZEIT* sprach dabei vom „kurzen Sommer der Anarchie".[25] Flashmobs wurden und werden per Handy, →Weblogs oder Kettenbrief organisiert. Im Grunde ist ein Flashmob fast eine Parodie auf die Jagd nach Zielgruppen: der Mob (englisch für Pöbel) ist nicht fassbar, da seine Mitglieder keine Gemeinsamkeiten besitzt außer denen, durch gezielte Information gleichzeitig an einem Ort zu sein und eine Handlung wie kollektives Tanzen, Umarmen oder Applaudieren durchzuführen. Es gibt auch heute noch Flashmobs, der „Hype" ist jedoch abgeklungen. Flashmobs werden von Soziologen ganz klar als typische Ausprägung einer virtuellen Gesellschaft gesehen, da vornehmlich neue Medien wie das Internet oder Handy genutzt werden, um die Aktionen zu organisieren.

Insbesondere durch das wachsende Medium Internet erfährt Guerilla gerade einen neuen Aufschwung. Ein Kleinwagen von *VW* wurde beispielsweise zielgruppengerecht – angesprochen waren junge, urbane Autofahrer – auf Musikkanälen im TV beworben. Nicht mit herkömmlichen Spots, sondern

---

25 „Der kurze Sommer der Anarchie", in: DIE ZEIT, Nr. 38, 11.09.2003.

mit aufwändig inszenierten Trickfilmen, die klassische Filmszenen interpretierten. Diese Filmchen zirkulierten danach millionenfach im Internet, eine immense Reichweite. Die Zielgruppen sorgten also selbst für die Verbreitung. Was früher als Mundpropaganda tituliert wurde, heißt heute →virales Marketing.

Guerilla PR konnte früher auch lediglich heißen, einen Leserbrief an ein Medium zu schreiben, in welchem man die Vorzüge seines Unternehmens oder Produkts als scheinbar „normaler" Leser pries. Heute werden statt Leserbriefen Beiträge auf Verbraucherforen oder →Weblogs im Internet platziert. Die Absicht dahinter ist die gleiche: Was als Verbrauchermeinung gilt, ist besonders glaubwürdig. Doch hier ist Vorsicht geboten, wenn die Authentizitätsregel verletzt wird, was wir schon bei den →Blogs festgestellt haben: Fliegt eine scheinbar unabhängige Meinung auf, ist der Imageschaden riesig. Ich rate von dieser Einflussnahme ab. Die Vorgehensweise sollte immer so sein, dass man durch gute PR – nicht nur Guerilla – ein positives Image erzielt, nicht künstlich kreiert. In Krisenzeiten ist zudem offene, ehrliche Krisenkommunikation gefragt; man kann negative Meldungen nicht verhindern, eindämmen jedoch wohl, wie wir in Kapitel 6 gesehen haben.

In der Guerillakommunikation können also vereinfacht zwei Methoden unterschieden werden: eine aufmerksamkeitsstarke Aktion, die so angelegt ist, dass sie viele Menschen anspricht und sich zudem, z. B. durch Abdruck von Fotos, verbreitet. Beispiele dafür sind Guerilla-Aktionen auf öffentlichen Plätzen: Die Verhüllung des Brandenburger Tores mit einem riesigen Werbebanner oder das Ausstaffieren von Bushaltestellen als Wohnräume, wie von einem Möbelhersteller umgesetzt. Dann gibt es das „one to some"-Prinzip, nach dem, z. B. in bestimmten Blogs oder Onlineportalen durch Mund-zu-Mund-Propaganda gezielt eine ganz bestimmte, kleinere Gruppe angesprochen wird.

Wenn Sie überlegen, selbst Guerilla-PR einzusetzen, sollten Sie die Vor- und Nachteile im Vorfeld abwägen:

Praxistipp! Guerilla-PR lohnt sich nur, wenn …

- ▪ … Sie Ihre Marke oder Ihr Unternehmen schnell in einem wettbe-
  werbsintensiven Umfeld bekannt machen wollen;

- ▪ … Sie neue, zumeist jüngere Zielgruppen erschließen möchten, die
  durch klassische Medien (allein) nicht zu erreichen sind;

- ▪ … herkömmliche PR-Maßnahmen nicht (mehr) ausreichen;

- ▪ … die Guerilla-Ideen zu Ihrer Marke oder Ihrem Unternehmen passen
  und in ein durchdachtes Gesamtkommunikationskonzept eingebettet
  sind;

- ▪ … Sie entweder Erfahrung mit der Planung und Durchführung von
  Guerilla-Aktionen haben oder auf einen hervorragenden Dienstleister
  bauen können, der die Marke versteht und die Aktion auf den Punkt
  umsetzen kann;

- ▪ … Sie Mut haben, mal etwas Neues auszuprobieren, auch auf die Gefahr hin, dass die Aktion ein Flop wird.

7.5   Fazit

In diesem Exkurs wurde ein Überblick über die neuen Wege gegeben, die
Kommunikation künftig gehen kann. *Alles kann, nichts muss* – so könnte
man Weblogs, Podcasts, Guerilla und Co. beschreiben. Sie können alles aus-
probieren, was die schöne neue PR-Welt so hergibt, und Sie werden mit der
Zeit ein Gespür bekommen, ob und wie diese Methoden bei Medien oder
Mitarbeitern ankommen und ob sie passen. Was sich jedoch *langfristig*
durchsetzen wird in der realen und virtuellen Welt, ist schwer vorherzusagen.
Grundsätzlich muss nicht jeder „Hype" mitgemacht werden – nur weil Ihre
beiden wichtigsten Wettbewerber neuerdings Podcasts produzieren und Guerilla-Aktionen durchführen, müssen Sie dies nicht auch noch tun. Insbesondere PR-Agenturen versuchen oft, sich auf gewisse Trends aufzusetzen.
Doch die Kunden sind auch nicht ganz unschuldig daran: wenn aus zu kon-
zentrierter Innensicht und mangelnder kritischer Außensicht bestimmte Tools

gefordert werden, einfach weil „man die heute eben einfach haben muss", sollte man behutsam dagegen steuern bzw. durchleuchten, ob diese überhaupt in den kommunikativen Ansatz und zur →*Corporate Identity* oder *Brand Identity* passen.

Es gibt jedoch gewisse Entwicklungen, wie oben aufgezeigt, die sich nicht aufhalten lassen werden und die ich an dieser Stelle zu Thesen zusammenfassen möchte – Thesen, die im Grunde zeigen, dass viele Strömungen schon immer da waren und sich teilweise auf antike philosophische Grundsätze zurückführen lassen:

1. *Alles fließt*: Frei nach dem griechischen Philosophen Heraklit ist alles einem steten Verwandlungsprozess unterworfen: Werden und Vergehen, „aus Allem wird Eines und aus Einem Alles". Auf die PR bezogen heißt dies, dass wir uns z. B. mit Phänomenen wie Web 2.0 samt seinen neuen Möglichkeiten im Web in einem Prozess befinden, an dessen Ende sich einige Formen durchsetzen, andere untergehen werden. Der klassische Marketingmix aus Anzeigen, Werbespots, Direktmailings etc. ist dabei, sich aufzulösen. *Morphing* ist das Stichwort: Klassische Werbung und PR werden neue Ausprägungen bekommen und immer mehr den Charakter der einst so ungewohnten Formen wie *viralem Marketing* oder *Guerilla* annehmen.

2. *Wir sind das Web: User Generated Content* im Web 2.0 wie die Enzyklopädie →Wikipedia und andere →Wikis, private →Weblogs, Chats, Videos- Foto- und Verbraucherplattformen werden von der Webgemeinde selbst produziert, zusammengetragen, bewertet, ausgetauscht, weitergegeben usw. Diese Millionen unterschiedlicher Aktionen irgendwie beherrschen zu wollen, wird natürlich fehlschlagen. Das Beispiel der „Klowände" des Internets, der öffentlich gewordenen Blamagen wie bei *Siemens* oder das Aufdecken von Fake-Kommentaren in Blogs oder Verbraucherportalen zeigt, dass sich der moderne User nicht alles gefallen lässt und selbst Themen und Trends kreiert. Klassische Medien werden dieser Entwicklung folgen und vermehrt Themen aufgreifen, die z. B. in der Blogosphäre im Gespräch sind – die Masse macht das Thema. Und jeder kann dieses →Issue Management lostreten. Diese Web-Revolution ist auch in der PR-Arbeit ernst zu nehmen.

3. *Wir sind viele*: Durch die schier unüberschaubare Zahl von Weblogs und durch die zunehmende Individualisierung der virtuellen wie der realen Gesellschaft hat sich ein breites Spektrum von Spezialwissen und Spezial-

interessen angehäuft, für alles gibt es (virtuelle) Nischen. Diese Teilöffentlichkeiten gilt es zunehmend auch in der PR zu bedienen, wie wir gesehen haben. Die Kommunikation *One-to-many* ist out, *One-to-some* ist
in. Die Größe der Zielgruppen nimmt ab und splittert sich auf in viele
Teilöffentlichkeiten. Es gibt nicht mehr „den" Sommerhit im Radio, „die"
große Samstagabendshow im TV, „das" Kinoereignis des Jahres, „das"
angesagte Kleidungsstück der Saison. Stattdessen gibt es für jeden seine
Nische: Ich stelle mir meine Musik individuell auf dem *iPod* zusammen,
lade mir einen Film herunter, tausche Fotos, Videos und Gedanken im
Web aus, bevor ich mich bei *Ebay* auf die Jagd nach einem Vintage-
Kleidungsstück mache, das möglichst ein Unikat sein soll. Nie zuvor gab
es mehr Möglichkeiten.

Und zum Schluss: Acht Gebote guter PR

1. **Gute PR ist vielfältig:** Auch in der PR sollte man nie nur auf ein Pferd setzen. Die richtig durchdachte Mischung aus Presseinformationen, Veranstaltungen, visuellen Medien, Onlinekommunikation usw. sorgt für kommunikative Abwechslung und umfassende Information für verschiedene Themen und Zielgruppen.

2. **Gute PR ist langfristig:** Beziehungen zur Presse müssen aufgebaut und gepflegt, Verteiler und Infos auf dem neuesten Stand und Themen aktuell und gut aufbereitet sein. Dann fruchtet auch irgendwann die Mühe in exzellenter und häufiger Berichterstattung. Wer erwartet, dass seine Meldung im medialen Dschungel sofort einschlägt wie eine Bombe, hat unrealistische Vorstellungen von PR. Die Presse ist manchmal wie ein scheues Reh: Bei zuviel lärmendem Auftreten und Getöse verschwindet sie erstmal in der sicheren Deckung.

3. **Gute PR ist Dialog:** Einseitige PR ist, wenn Sie Presseinformationen wie Patronen an Ihren Verteiler verschießen und sich wundern, warum sie im luftleeren Raum verhallen. Streng genommen sollte jedes Thema einen Dialog mit der Öffentlichkeit auslösen. Ein Artikel, der Ihre Informationen aufnimmt und über den sich die Leser unterhalten, der weitere Berichte nach sich zieht oder gar Diskussionen auslöst, ist bereits ein Dialog. Wenn Sie nicht wissen, was Ihre Zielgruppen wollen, müssen Sie diese erforschen, recherchieren und aus den Ergebnissen Themen setzen, die ankommen.

4. **Gute PR ist transparent:** Jubelpropaganda oder das bewusste Zurückhalten von Informationen sollten nur noch dunkleren Zeiten und grimmigen Diktaturen angehören. In einem Land mit Pressefreiheit und dem Recht auf freie Meinungsäußerung klärt PR dagegen über Zusammenhänge auf und liefert zu den verschiedensten Themen nach innen und nach außen alle notwendigen Informationen. Insbesondere bei Krisen ist Schweigen, Negieren, Bagatellisieren oder Beschönigen eine Todsünde. Sie haben nichts zu verbergen und der Journalist weiß immer, woran er bei Ihrem Unternehmen ist.

5. **Gute PR ist positiv:** Ihr Unternehmen oder Produkt ins rechte Licht zu rücken, ist nicht schwer. Neugierde, ein Gespür für Trends und Themen und eine gute, begeisternde Schreibe schaffen es, dass darüber auch berichtet wird. Das hunderttausendste Produkt, das fünfzigjährige Jubiläum, die engagierten Azubis, die Charityaktion, die Grundsteinlegung für das neue Headquarter, der Fortschritt von Bauarbeiten – alles Anlässe für positive Neuigkeiten aus Ihrem Unternehmen. Der Krisenfall kann überall vorkommen, sollte jedoch eine Ausnahme bleiben. Doch auch hier sollte es der PR-Profi schaffen, durch rückhaltlose Aufklärungspolitik, Offenheit und proaktive Information eine positive Wirkung zu erzielen

6. **Gute PR ist glaubwürdig:** Die wohl deutlichste Abgrenzung zur Werbung. Sie können auf Anzeigen und in der TV-Werbung hundertfach behaupten, Ihre Sonnencreme schütze äußerst effektiv, sei absolut wasserfest, ziehe schnell ein und mache die Haut weich und zart – der Konsument bildet sich sein eigenes Urteil, da zehn andere Cremes mehr oder weniger das Gleiche behaupten. Eine Pressemeldung mit der News, dass Ihre Sonnencreme Testsieger bei der *Stiftung Warentest* geworden ist, eine Journalistin, die auf der Beautyseite einer Frauenzeitschrift Ihre Creme empfiehlt und eine Leseraktion, in der die Creme im Urlaub von 50 Testpersonen ausprobiert werden kann – das sind glaubwürdige PR-Aktionen. Behaupten Sie niemals, wirklich niemals etwas, das sich als falsch oder widerlegbar oder irreführend herausstellt. Der Imageschaden für Ihr Unternehmen wird beträchtlich sein. Unaufdringliche und auf nachprüfbaren Infos beruhende PR ist immer glaubwürdig und schafft Vertrauen, das für eine langfristig gute Zusammenarbeit mit den Medien Voraussetzung ist.

7. **Gute PR ist meinungsbildend:** Erinnern Sie sich an die Markteinführung von *Beck's Gold*? Oder vom Erfrischungsgetränk mit Namen *Bionade*? Zunächst nur in ausgewählten Großstadtkneipen und Trendbars erhältlich, wurden das milde Sommerbier und auch das etwas andere alkoholfreie Getränk durch die *Opinion Leader*, die Meinungsbildner der Zielgruppe, per Mundpropaganda über wenige Monate hinweg *das* Szenegetränk. Trendzeitschriften, Männerzeitschriften, Frauenzeitschriften, Stadtmagazine, Lokalzeitungen berichteten über Getränke, die bisher nur einige Trendsetter gesehen und ausprobiert hatten. Da wollte natürlich jeder dazugehören und mitreden. Das Angebot war zunächst begrenzt, die Nachfrage stieg. Beide Getränke traten ihren Siegeszug durch die Zielgruppe junger, trendbewusster, urbaner Erwachsener an, die es offenbar nach neuen Geschmackswelten dürstete. Gute PR beeinflusst die öffentliche

Meinung nach dem Motto „Wir wussten bisher nicht, dass wir es brauchen, weil wir es nicht kannten. Nun müssen wir es haben, weil es andere kennen und uns davon berichten." Ein weiteres Anzeichen für den Erfolg: Mittlerweile gibt es eine Fülle von Nachahmern, so genannte *Me too*-Produkte. Der PR-Hype ist schon wieder verklungen, das stilsichere Attribut des „richtigen" Getränks aber hallt noch nach.

8. **Gute PR ist kreativ:** Das Medienkarussell dreht sich immer schneller, und was passiert? Nichts. Zumindest nichts Neues. PR-Events sehen immer gleich aus und es kommen immer dieselben halbprominenten Gäste. Alles Neue heißt in Pressemeldungen „innovativ", man befindet sich damit „in der pole position" und hat mit der letzten Entwicklung einen „technologischen Vorsprung" geschafft. Wie langweilig. Das „PR-Feuerwerk" verglüht, wenn nicht etwas Überraschendes, Neues gewagt wird. Sonst geht man in der Medienkakophonie vollends unter. Setzen Sie sich von den anderen Rufern im Walde ab. Dieses Buch kann Ihnen nur Anregungen geben. Probieren Sie alles aus, seien Sie selbstbewusst – viel Erfolg!

Glossar

Erläuterung der im Text mit einem → gekennzeichneten Fachbegriffe.

Advertorial (engl.): Zusammensetzung der Worte *Advertisement* (Anzeige) und *Editorial* (Redaktionelles): Ein redaktionell aufgemachter Text, der vom Werbekunden, nicht vom Redakteur, gestaltet – und bezahlt – wird. Im Gegensatz zu einer Werbeanzeige ist der Textanteil i. d. R. höher. Der Inhalt soll einen scheinbar neutralen Artikel suggerieren und so die Glaubwürdigkeit erhöhen. Aus presserechtlichen Gründen muss ein A. (manchmal auch →Promotion genannt) jedoch als Anzeige oder Promotion gekennzeichnet sein.

Ambush-Marketing (engl. *ambush*: Hinterhalt). Unterwandern von Veranstaltungen, bei denen man nicht offizieller Sponsor ist, jedoch als Trittbrettfahrer mit Aktionen teilnimmt. A.M. ist eine Form des →Guerilla-Marketings.

Blog, siehe →Weblog.

Brainstorming (engl., d. Übers. etwa: „einen Sturm im Gehirn entfachen"): vom US-Autor Alex Osborn (gest. 1966) erfundene Kreativitätstechnik, die die Erzeugung von neuen, ungewöhnlichen Ideen fördern soll. Dabei werden in der Gruppe alle, auch scheinbar abwegige, Ideen, Gedanken, etc. geäußert und zugelassen – ohne Bewertung derselben. Ziel ist, aus möglichst vielen Ideevorschlägen die passenden zusammenzustellen und diese z. B. in einer PR-Konzeption weiterzuentwickeln. Ist seit langem fester Bestandteil des Kreativprozesses v. a. in Werbe- und PR-Agenturen.

Chat Attack (auch Forum Attack): Das gezielte Einschmuggeln bestimmter Inhalte, Slogans und Botschaften in Kommunikationsforen und Chatrooms im Internet. Form des →Guerilla-Marketings.

Clipping (engl.: *to clip* = abschneiden): Ergebnis der Medienbeobachtung. Beiträge, die in Printmedien erschienen sind. C.s werden zur →Evaluation von Kommunikationsmaßnahmen mit Kriterien wie Medium, Auflage, Datum versehen und können zu einem →Pressespiegel zusammengestellt werden.

Content Management System: Anwendungsprogramm, das die gemeinschaftliche Erstellung und Bearbeitung des Inhalts von Text- und Multimedia-Dokumenten (*Content*) ermöglicht und organisiert, z. B. für das Intranet, an dem mehrere Autoren arbeiten oder in →Weblogs.

Corporate Communications (engl.): Unternehmenskommunikation. Einheitliche Kommunikation der Mitglieder einer Organisation, eines Unternehmens, nach innen und außen. In der C.C. sollen die Werte eines Unternehmens als Teil seiner Gesamtstrategie fassbar werden.

Corporate Design (Abk. CD, engl.): Äußerliche Darstellung der Unternehmensidentität, Teil der →Corporate Identity. CD umfasst die einheitliche Darstellung von Markendesign, Produktdesign, Firmenlogo bis hin zu Geschäftspapieren. Das CD soll den Wiedererkennungseffekt eines Unternehmens/Produkts erhöhen und trägt wesentlich zur Herausbildung der Markenidentität bei.

Corporate Identity (Abk. CI, engl.): Unternehmensidentität. CI ist die strategische Einheit einer Unternehmenspersönlichkeit nach innen und außen. Es setzt sich u. a. zusammen aus dem →Corporate Design, →Corporate Communications sowie der Unternehmenskultur (Corporate Culture) und seinem Verhalten (Corporate Behaviour).

Evaluation: Auch als *Medienresonanzanalyse* bezeichnet. PR-Evaluation ist der Versuch, den PR-Erfolg einer Maßnahme oder Strategie zu messen und zu bewerten. Die einfachste Form der E. ist das →Clipping bzw. das →Media Monitoring, anhand dessen abzulesen ist, wie oft und in welchen Medien über das Thema berichtet wurde. Dies ist die rein *quantitative* E. *Qualitative* Medienresonanzanalyse schließt Faktoren wie z. B. die Tonalität der Berichterstattung (positiv, neutral, negativ), das Verwenden bestimmter Schlüsselwörter oder die Berechnung des Anzeigenäquivalenzwertes ein: Was hätte eine Anzeige in der gleichen Größe im Verhältnis zum redaktionellen Artikel gekostet? All diese Maßnahmen sollten nicht darüber hinwegtäuschen, dass PR-Erfolg auch mit solchen Hilfsmitteln nie hundertprozentig messbar ist.

FAQs (engl. Abkürzung *für Frequently Asked Questions*, d. Übers. „häufig gestellte Fragen"): Ein FAQ ist ein Fragen- und Antwortenkatalog. Ursprünglich aus dem IT-Bereich stammend, enthält ein FAQ die am meisten gestellten Fragen zu einem Thema und liefert gleich die Antworten dazu, hat also auch eine Entlastungsfunktion. In der PR kann ein FAQ vielfach eingesetzt werden: als Anhang zu einem Pressetext, zu einem neuen Produkt oder einem komplexen Sachverhalt; in der Krisenkommunikation, um eine einheitliche Sprachregelung zu gewährleisten, oder als Antwortvorgabe für mögliche Fragen auf einer Pressekonferenz.

Guerilla-Marketing (span. *Guerilla* = kleiner Krieg): Das aus dem südamerikanischen Straßenkampf entlehnte Wort bezeichnet eine konzertierte, Aufsehen erregende, dabei kostengünstige Marketing- oder PR-Aktion: kleiner Aufwand – große Wirkung. Es haben sich verschiedene Formen des G.-M. herausgebildet, siehe auch: →Ambush Marketing, →Chat Attack, →virales Marketing.

Healthcare PR (engl. *healthcare* = Gesundheitspflege). Spezialgebiet der PR, das sich mit der Kommunikation des Gesundheitswesens, Arzneiprodukten oder Pharmazieunternehmen beschäftigt. In diesem Gebiet ist eine medizinische, biologische oder pharmazeutische Vorbildung hilfreich.

Investor Relations: Die Kommunikation einer Aktiengesellschaft vornehmlich mit den Zielgruppen Aktionäre, Analysten, Finanzmedien etc., der sog. *financial community*. Diese benötigt alle relevanten Informationen, um den Aktienwert der AG möglichst exakt beurteilen zu können. Die Kommunikation hat dabei bestimmte gesetzliche Auflagen, z. B. ad hoc-Publizität, zu beachten. Der IR-Manager des Unternehmens organisiert zusammen mit der PR die Hauptversammlung und Bilanzpressekonferenz, ist auf Börsentagen vertreten und veranstaltet für seinen Vorgesetzten (CEO oder CFO) →Roadshows, i. d. R. jedoch nicht zu Redaktionen, sondern zu Analysten, möglichen Investoren etc.

Issue oder **Issues Management**: Implementierung von wirtschaftlichen, politischen, gesellschaftlichen Themen, die für eine Organisation relevant sind, insbesondere für die Kommunikation mit bestimmten Interessensgruppen.

Launch (engl. *Einführung*): In Marketing und PR bezeichnet ein L. die Markteinführung eines neuen Produktes oder einer neuen Marke, für die ein bestimmtes Marketing- und Kommunikationskonzept entwickelt wird. Der Kommunikationsmix kann dabei so unterschiedliche Maßnahmen enthalten wie Presseaktivitäten, Events, →Promotions, Online-PR, Werbebanner, Anzeigen, Spots, →Guerilla-Marketing – alles, was die Aufmerksamkeit für das Produkt erhöht. Denn: viele neue Marken verschwinden nach kurzer Zeit wieder vom übersättigten Markt – der Verdrängungswettbewerb ist gewaltig. Die Wiedereinführung eines Produkts, das entweder längere Zeit nicht auf dem Markt war, für das es jedoch im Zuge von Trends wieder eine Nachfrage gibt oder dessen Design dem Zeitgeist angepasst wurde, nennt man Relaunch (Beispiele: *TriTop* Saftkonzentrat, *Brauner Bär*-Eis).

Lobbyismus: Interessenvertretung, bei der Regierungsmitglieder, politische Entscheidungsträger und bestimmte Interessensgruppen, sog. *Lobbies*, angesprochen werden, mit dem Ziel, diese im Sinne des eigenen Unternehmens, Verbands, Auftraggebers etc. zu beeinflussen. Eine Unterform der Lobbyarbeit sind →Public Affairs.

Location (engl.: Ort). Bezeichnet in der PR den Ort einer Veranstaltung, z. B. einer Pressekonferenz.

Media Monitoring (engl): Medienbeobachtung. Als M.M. wird die regelmäßige Beobachtung und Dokumentation bestimmter Medien im Hinblick auf ein Thema bezeichnet. Artikel, in denen das gesuchte Stichwort enthalten ist, werden als →Clipping aufbereitet. Bestimmte Agenturen haben sich auf diese Form der Dienstleistung spezialisiert und suchen nach zuvor definierten Schlagworten, z. B. dem Unternehmensnamen oder Wettbewerbern. Die im M.M. gefundenen →Clippings werden dem Kunden mit Angaben wie Datum, Auflage, Platzierung oder Reichweiten in einem regelmäßigen Turnus zugestellt. Aus ausgewählten →Clippings wird schließlich der tägliche, wöchentliche oder monatliche →Pressespiegel erstellt. M.M. ist Teil der →Evaluation.

Pitch (engl. u. a. „Spielfeld"). Ursprünglich ein Begriff aus dem Rugbysport. Dort bezeichnet es das Spielfeld und den Kampf, im Baseball auch einen Ballwurf. In der Werbe- und PR-Sprache meint ein P. die Präsentation eines Entwurfs, z. B. zu einer Kommunikationskampagne, im Wettbewerb zu mehreren Agenturen.

Podcasting: Das Produzieren und Anbieten von Audio- oder Videodateien über das Internet. Auch in der internen Kommunikation werden Podcastdateien, z. B. als Unternehmensradio oder Video, vermehrt eingesetzt. Video-Podcasts werden als Vodcasts bezeichnet.

Public Affairs (engl., Abk. PA, d. etwa "öffentliche Angelegenheiten"). Noch relativ junge Disziplin der PR, die in Deutschland v. a. mit dem Regierungsumzug von Bonn nach Berlin an Bedeutung gewann. PA arbeiten an der Schnittstelle von Politik, Wirtschaft und Gesellschaft und sind eine Form des →Lobbyismus.

Pressespiegel: Die Zusammenfassung aller Medienberichte zu einem vorgegebenen Thema als Teil des →Media Monitorings. Ein P. spiegelt wider, wie das Unternehmen oder die Marke nach außen wahrgenommen wird und sollte einen Querschnitt durch die Realität abbilden, d h. auch negative Berichterstattung, um keine einseitig positive →Propaganda, die das Bild verzerrt, zu veranstalten.

Presseverteiler: Datei, die alle Personen enthält, die im Rahmen der Pressearbeit eines Unternehmens laufend mit Informationen versorgt werden müssen. Ein P. sollte neben Namen, Adresse, Telefon- und weiteren Kontaktdaten auch weitere wissenswerte Informationen über den Journalisten oder Meinungsbildner enthalten. Ein gut gepflegter P. ist die Basis für eine erfolgreiche Pressearbeit und muss laufend überarbeitet werden, andernfalls erreichen die Informationen nicht ihre Empfänger.

Promotion, siehe →**Advertorial**.

Propaganda: 1. Ideologische Verbreitung von Nachrichten oder Ideen, zumeist im politischen Umfeld mit dem Ziel der Einflussnahme auf das Denken und/oder Handeln der Empfänger. Insbesondere im Nationalsozialismus wurde P. auf perfide Weise perfektioniert und ihre Wirkung durch das Aufkommen von Medien wie Radio oder Tonfilm verstärkt. 2. Im Groß- und Einzelhandel bezeichnet P. heute das Verteilen oder Verkosten von Warenproben, der Mitarbeiter heißt Propagandist.

Roadshow: Bezeichnet eine Präsentation, die man nacheinander, meist an ein bis zwei Tagen, vor verschiedenen Vertretern einer Zielgruppe hält. Der Begriff verdeutlicht, dass man seine Zuhörer besucht, nicht umgekehrt. Im Finanzwesen ist eine R. zumeist die Unternehmenspräsentation eines Vorstandsmitglieds vor Vertretern der *financial community*, in der PR meint R. das Absolvieren von Redaktionsbesuchen bei mehreren Medien.

RSS-Feed: Abk. von *Really Simple Syndication*, d. "wirklich einfache Verbreitung". Eine Technik, die es einem User ermöglicht, die Inhalte einer Website bzw. Teile davon zu abonnieren oder in andere Websites zu integrieren und die z. B. in →Weblogs oder →Podcasts eingesetzt wird.

Spin Doctor (engl. *spin* = Dreh, Drall): Meist abwertende, aber auch widerwillig-bewundernd verwendete Bezeichnung für einen ausgebufften PR-Profi. Insbes. in der US-amerikanischen Politik sorgen S.D.s mit ihren weit reichenden Kontakten zu verschiedenen Lobbies für die schnelle Verbreitung der PR-Botschaften ihrer Auftraggeber. Oft wird ihnen, nicht ganz zu Unrecht vorgeworfen, die Wahrheit zu manipulieren, zu „verdrehen".

Tabloid (engl.): 1. kleineres Zeitungsformat, 2. in angelsächsischen Ländern außerdem Bezeichnung für eine Boulevardzeitung. Bekannte Titel sind *The Sun*, *Daily Mirror* oder *Daily Mail*.

Testimonial (engl.: *Zeuge*). Aus dem Lat. stammender Begriff aus der Werbesprache, der auch in der PR verwendet wird. Ein T. wird in der Regel bezahlt, um überzeugend für ein Produkt, ein Unternehmen oder eine Dienstleistung zu werben oder PR zu machen. Die Glaubwürdigkeit rührt von ihrer Nähe zur jeweiligen Zielgruppe her. T.s können unbekannte Gesichter sein, die durch geschickte PR selbst zu „Werbestars" werden (wie die „*ratiopharm*-Zwillinge"), am häufigsten werden jedoch Prominente auf Grund ihres hohen Bekanntheitsgrades als T.s für eine oder mehrere Marken verpflichtet (z. B. Thomas Gottschalk für *Haribo*, Harald Schmidt für u.a. *Nescafé* und *Hexal*, Claudia Schiffer für u. a. *L'Oréal, Kinderschokolade*).

„Unter drei": Diese Bezeichnung stammt von der Bundespressekonferenz des Bundestages. Die Bundespressekonferenz teilte ihre Veranstaltungen schon zu Zeiten der Bonner Regierung in drei Kategorien ein, wobei unter „Kategorie 1" alles berichtet werden kann, „unter 2" zwar berichtet wird, dabei jedoch kein Name genannt werden darf und „unter 3" nur Hintergrundinfos, aber keine Zitate angegeben werden dürfen. In der Journalistensprache meint die Ankündigung „…das Folgende sage ich Ihnen jetzt mal *unter drei*", dass die nächste Aussage vertraulich ist und nicht zitiert werden darf. Ein professionell arbeitender Journalist weiß die meist wertvolle Hintergrundinformation zu schätzen und hält sich auch daran.

Virales Marketing: Marketingform, die darauf setzt, dass sich Nachrichten epidemisch, d. h. wie ein Virus, ausbreiten, was man früher als *Mundpropaganda* bezeichnete. Insbesondere durch das Internet verbreiten sich Inhalte sehr schnell, und zwar positiv wie negativ, so dass V.M. nur begrenzt steuerbar ist. Geschicktes V.M. kann die Glaubwürdigkeit und Bekanntheit einer Marke oder eines Produkts jedoch erhöhen und – zumindest kurzzeitig – Kultstatus bekommen, da es „in aller Munde" ist. Ein Beispiel ist das Online-Spiel „Moorhuhn" der Whiskyfirma *Johnny Walker*, das kostenlos aus dem

Netz herunter geladen werden konnte und sich so rasend schnell verbreitete. E-Mails, in denen Witze, Fotos, Charts, Audio- oder Videodateien weitergeleitet werden, sind die heutzutage wohl häufigste Form des V.M.s.

Vlog: Zusammengesetztes Wort aus *Video* und →*Blog* = Ein →Weblog in Videoform.

Waschzettel: 1. Heute veraltete Bezeichnung aus der Werbesprache für einen redaktionellen Kurztext, 2. die auf der Rückseite von Pressefotos angebrachten Angaben (in Anlehnung an die Pflegehinweise in Wäschestücken): Bildunterschrift, Copyright und dem Zusatz „Veröffentlichung kostenfrei…"

Weblog (auch →Blog): Zusammengesetztes Wort aus den beiden englischen Begriffen *Web* und *Log* (von Logbuch). Digitales Tagebuch, das online gestellt und regelmäßig aktualisiert wird. Einträge werden als *Postings* oder *Posts* bezeichnet.

Wiki (von *wikiwiki*, hawaiianisch: schnell): Bezeichnet eine Seitensammlung im Internet, die von Usern nicht nur gelesen, sondern auch verändert werden kann. Einzelne Seiten oder Artikel sind durch Querverweise verbunden. Eines der bekanntesten W.s ist →Wikipedia.

Wikipedia: Zusammengesetztes Wort aus den Begriffen →Wiki und *Encyclopedia* (engl. für Enzyklopädie). Freies Online-Nachschlagewerk, zählt seit der Gründung 2001 zu den großen Phänomenen der Netzkultur. Allein die deutschsprachige Variante umfasst mittlerweile über 500.000 Artikelbeiträge registrierter wie anonymer Autoren. Sie wird derzeit von mehr als 7.000 Autoren regelmäßig betreut.

Yellow Press: Boulevardjournalismus, „Regenbogenpresse". Das Wort leitet sich ab vom 1895 veröffentlichten Cartoon *The Yellow Kid*, das in der *New York World* erschien und zum Synonym für Sensationspresse wurde. Kennzeichnend für die Y.P. sind emotionale Themen wie Skandale, viele großformatige (oft durch Paparazzi aufgenommene) Fotos und sensationslüsterne Berichte über das Privatleben mehr oder weniger bekannte VIPs. Nicht selten werden durch die Berichterstattung deren Persönlichkeitsrechte verletzt, so dass es Klagen gegen die Y.P gibt, die eine Gegendarstellung seitens des Mediums nach sich ziehen.

Adressen

Bundesverband deutscher Pressesprecher

Bundesgeschäftsstelle
Friedrichstr. 209
10969 Berlin
info@pressesprecherverband.de
www.pressesprecherverband.de

Berufsverband und Netzwerk der Pressesprecher und Kommunikationsbeauftragten in Deutschland. 2003 gegründet, knapp 3.000 Mitglieder. Aufgeteilt in acht regionale Landesgruppen. Richtet jährlich die europaweit größte PR-Fachtagung „Kommunikationskongress" in Berlin aus.

Deutsche Akademie für Public Relations (DAPR)

Platter Straße 152 A
65193 Wiesbaden
info@dapr.de
www.dapr.de

1991 von GPRA und DPRG gegründete Prüfungsinstitution für die deutsche PR-Branche.

Deutsches Institut für Public Relations DIPR e.V.

Moorfuhrtweg 11
22301 Hamburg
info@dipr.de
www.dipr.de

1971 gegründet, älteste deutsche Berufsbildungseinheit für den Berufsstand PR/ÖA. Trainings, Seminare, Veranstalter der etablierten Grundseminare „Methodische Öffentlichkeitsarbeit".

Deutscher Journalisten Verband e.V.
Gewerkschaft für Journalistinnen und Journalisten

Pressehaus 2107
Schiffbauerdamm 40
10117 Berlin
djv@djv.de
www.djv.de

Gründung 1949. Vertritt „die berufs- und medienpolitischen Ziele und Forderungen der hauptberuflichen Journalistinnen und Journalisten aller Medien". Über 40.000 Mitglieder. Aus- und Weiterbildungsangebote.

Deutsche Public Relations Gesellschaft e.V. (DPRG)

Unter den Eichen 128
12203 Berlin
info@dprg.de
www.dprg.de

Berufsverband der PR-Fachleute in Deutschland, 1958 von Dr. Albert Oeckl gegründet.

Deutsche Presseakademie (depak)

Friedrichstraße 209
10969 Berlin
info@depak.de
www.depak.de

Akademie für Aus- und Weiterbildung im Bereich PR, 2003 gegründet: Studiengänge (Abend- oder internetbasiertes Fernstudium PR), Seminare, Workshops und Symposien.

Gesellschaft Public Relations Agenturen e.V. (GPRA)

Wöhlerstraße 3-5
60323 Frankfurt a. M.
info@gpra.de
www.pr-guide.de

Der Wirtschaftsverband der PR-Beratungsunternehmen. Gründung 1973. 30 Agenturen, von Großagenturen bis zu unabhängigen inhabergeführten, sind Mitglied. Definition und Sicherstellung bestimmter Qualitätsstandards.

Literatur

Berufsfeld/PR allgemein

▦ Avenarius, Horst: *Public Relations. Die Grundform der gesellschaftlichen Kommunikation.* Darmstadt (Wissenschaftliche Buchgesellschaft) 1995.

▦ Bentele, Günter et al.: *Öffentliche Kommunikation. Handbuch Kommunikations- und Medienwissenschaft.* Wiesbaden (Westdeutscher Verlag) 2003.

▦ Brauer, Gernot: *Wege in die Öffentlichkeitsarbeit. Einstieg, Einordnung, Einkommen in PR-Berufen.* Konstanz (UVK Medien) 1996.

▦ Ewen, Stuart: *PR! A Social History of Spin.* New York (Basic Books) 1998.

▦ Faulstich, Werner: *Grundwissen Öffentlichkeitsarbeit.* Stuttgart (UTB) 2000.

▦ Fröhlich, Kai/Lovric, Daniela: *Public Relations. Effiziente Öffentlichkeits- und Pressearbeit.* Berlin (Cornelsen) 2004.

▦ Herbst, Dieter: *Public Relations.* Berlin (Cornelsen), 2003.

Spezialthemen

▦ Bentele, Günter et al.: *Profession Pressesprecher. Vermessung eines Berufsstandes.* Berlin (Helios Media) 2005.

▦ Bernet, Marcel: *Medienarbeit im Netz. Von E-Mail bis Weblog.* Zürich (orell füssli Verlag), 2006.

▦ Dörrbecker, Klaus, Renée Fissenewert-Goßmann: *Wie Profis PR-Konzeptionen entwickeln. Das Buch zur Konzeptionstechnik.* Frankfurt (F.A.Z. Institut), 4. Auflage 2001.

▦ Herbst, Dieter: *Internet PR.* Berlin (Cornelsen) 2001.

■ Levinson, Jay Conrad: *Die 100 besten Guerilla-Marketing-Ideen*. Frankfurt a. M. (Campus Verlag), 2006.

■ Schmidt, Irmtraud: *Praxishandbuch Event Management. Das A-Z der perfekten Veranstaltungsorganisation*. Wiesbaden (Gabler) 2005.

Journalismus/Medien/Sprache

■ Riedel, Monica/Stüven, Friederike: *Frauen machen Medien. Karriere in Presse, Hörfunk und Fernsehen*. München (dtv) 1996.

■ Schneider, Wolf: *Deutsch für Profis. Wege zu gutem Stil*. München (Goldmann) 1998.

■ Schneider, Wolf/Raue, Paul-Josef: *Handbuch des Journalismus*. Reinbek bei Hamburg (rororo) 1998.

■ Sick, Bastian: *Der Dativ ist dem Genitiv sein Tod*. Köln (KiWi), 20. Aufl. 2005.

■ Ders.: *Der Dativ ist dem Genitiv sein Tod. Folge 2*. Köln (KiWi), 2005.

Nachschlagewerke

■ *Kroll Presse-Taschenbücher*, Seefeld (Verlagsgruppe Kroll Verlag), mehrere Publikationen, www.kroll-verlag.de.

■ Merten, Klaus: *Das Handwörterbuch der PR*. (2 Bde.). Frankfurt a. M. (F.A.Z. Institut), 2000.

■ *Oeckl Taschenbücher des Öffentlichen Lebens* (Deutschland/Europa), Bonn (Festland Verlag), jährlich neue Auflage.

■ Scholz & Friends et al.: *Werbisch-Deutsch: Das ultimative Wörterbuch der Werbung*. Redline Wirtschaft, 2003.

■ *STAMM Daten für Medienarbeit*, Essen (STAMM Verlag), www.stamm.de.

■ *Zimpel*, mehrere Bde., erhältlich als Loseblattsammlung, auf CD-ROM oder *Zimpel Online*, Wiesbaden (Verlag Dieter Zimpel), Aktualisierung fortlaufend, www.zimpel.de.

Wichtige Fachzeitschriften

Horizont (wöchentlich), Deutscher Fachverlag, Frankfurt a. M.
www.horizont.net

*Kommunikationsmanager (*vierteljährlich), F.A.Z. Institut GmbH, Frankfurt a. M.
www.kommunikationsmanager.com

Politik & Kommunikation (zehnmal/Jahr), Helios Media, Berlin.
www.politikagenda.de

Pressesprecher (zehnmal/Jahr), Helios Media, Berlin.
www.pressesprecher.com

prmagazin (monatlich), Rommerskirchen-Verlag, Remagen-Rolandseck.
www.prmagazin.de

PR Report (monatlich), Haymarket Media GmbH, Hamburg.
www.prreport.de

w&v werben & verkaufen (wöchentlich), Europa-Fachpresse Verlag, München.
www.wuv.de

Die Autorin

Daniela Puttenat (M.A.) war nach ihrem Studienabschluss in englischer und romanischer Philologie mehrere Jahre als PR-Beraterin in führenden Agenturen tätig und bildete Volontäre aus. Sie leitet derzeit als Presse-sprecherin die Unternehmenskommunikation der REpower Systems AG (erneuerbare Energien) in Hamburg.